Willi Fährmann
Wie sieht Gott eigentlich aus?

Willi Fährmann,
geboren 1929 in Duisburg, lebt heute in Xanten am Niederrhein.
Mit seinem Gesamtwerk, für das ihm neben zahlreichen
Einzelauszeichnungen der »Große Preis der Deutschen Akademie
für Kinder- und Jugendliteratur« und der Deutsche Jugendliteraturpreis
verliehen wurden, gehört er zu den profiliertesten Autoren
der deutschen Kinder- und Jugendliteratur.
Seine im Arena Verlag erschienenen Bücher haben längst eine
Auflagenhöhe von einer Million überschritten.

Silvio Neuendorf
studierte Design an der Fachhochschule in Aachen und ist seit 1995
als freier Illustrator tätig. Seitdem hat er zahlreiche Bücher
für Kinder und Erwachsene illustriert. Heute lebt er mit seiner Frau
und seinem Sohn auf einem Bauernhof in der Nähe von Aachen.

Willi Fährmann

Wie sieht Gott eigentlich aus?

Kindergeschichten

Mit Illustrationen von
Silvio Neuendorf

Arena

In neuer Rechtschreibung

4. Auflage 2002
© Arena Verlag GmbH, Würzburg 2001
Alle Rechte vorbehalten
Einband und Illustrationen: Silvio Neuendorf
Gesamtherstellung: Westermann Druck Zwickau GmbH
ISBN 3-401-05136-9

Inhalt

Anna und Johannes entdecken das Geheimnis der Zeichen

Endlich, endlich Ferien

Die lange Autofahrt hatte Johannes müde gemacht. Großmutter fuhr langsam. Ihr machte es nichts aus, wenn andere Autos auf der linken Spur an ihrem Wagen vorbeischnurrten. Es war schon dämmerig, als sie endlich ihr Ziel erreichten. Ferien auf dem Bauernhof! Wochenlang hatte sich Johannes darauf gefreut. Großmutter hatte ihn und seine kleine Schwester Anna eingeladen. Sie wollte mit ihren Enkeln drei Wochen lang Ferien auf einem Bauernhof machen. Schon während des Abendessens fielen Johannes die Augen zu. »Morgen schaue ich mir alles genau an«, nahm er sich vor.

So schnell wie heute war er selten eingeschlafen. Durch das geöffnete Fenster warf der Mond sein Silberlicht, ein leiser Nachtwind wehte und blähte die weißen Vorhänge wie ein Segel. Am nächsten Morgen war Johannes gleich hellwach. Irgendetwas hatte ihn aufgeweckt. Er richtete sich auf. Von seinem Bett aus konnte er durch das Fenster schauen. Die Blätter der Silberpappeln zitterten und glitzerten. Hinter den schwarzen Stämmen ging die Sonne groß und rot auf und blinzelte über den Hügel.

Und dann hörte Johannes, was ihn aus dem Schlaf gerissen hatte: Laut und schrill krähte ein Hahn. Hähnchen vom Grill hatte Johannes schon viele gesehen, manchmal auch gegessen, aber da war ein lebendiger Hahn, ein Hahn, der die Sonne ankrähte! Das musste er sich genauer anschauen.

Johannes sprang aus dem Bett und trat ans Fenster. Vorsichtig schob er den Vorhang beiseite und spähte hinaus. Deutlich sah er jetzt den Hahn. Er war gar nicht zu übersehen. Hoch aufgerichtet auf einem Zaunpfahl stand er und reckte sich und streckte sich, den Kopf der Sonne zugewandt und krähte erneut. Sein buntes Gefieder schimmerte im Morgenlicht.

»Schön, nicht wahr?«, sagte die Großmutter und legte dem Jungen die Hand auf die Schulter.

Johannes hatte gar nicht bemerkt, dass sie ins Zimmer getreten war.

»Bist du auch schon wach?«, fragte er.

»Die alten Knochen gewöhnen sich schwer an fremde Betten«, antwortete die Großmutter.

»Warum macht der Hahn das?«, wollte Johannes wissen. »Warum kräht er die Sonne an?«

»Er begrüßt den jungen Tag und ruft seinen Hennen zu: Auf, ihr Hühnervolk, verschlaft nicht den neuen Morgen!«

»Hmm«, brummte Johannes.

»Wie der Hahn auf dem Kirchturm«, sagte die Großmutter leise.

»Wie der Hahn auf dem Kirchturm?«, fragte Johannes .

Großmutter nickte. »Ja, genau wie der.«

»Ja, Großmutter, auf unserer Kirchturmspitze steht ein Hahn aus Blech, das stimmt. Aber der kräht doch nicht. Warum, Großmutter, warum steht er da?«

»Es ist ein Zeichen, mein Junge«, antwortete die Großmutter, »der Hahn soll uns daran erinnern, dass wir den ganz großen neuen Tag nicht verschlafen sollen.«

»Was für einen ganz großen neuen Tag meinst du denn, Großmutter?«

»Ich meine den Tag, an dem Christus kommt: herrlich und leuchtend wie die Morgensonne.«

»Kommt er denn wirklich, Großmutter?«

»Ja, Johannes. Er hat es versprochen. Er kommt wirklich.«

»Daran habe ich noch nie gedacht, wenn ich den Hahn auf dem Turm gesehen habe«, sagte Johannes.

Großmutter zuckte mit den Schultern. »Weißt du, Junge, ich

fürchte, viele Menschen haben es verlernt, die leise Stimme Gottes in den Zeichen zu erkennen.«

»Verstehst du denn die Zeichen?« Johannes schaute die Großmutter zweifelnd an.

»Manche schon«, sagte sie.

»Kannst du mir das nicht beibringen?«, fragte der Junge.

»Versuchen kann ich es ja, Johannes.«

Nackte Füße tippelten über den Boden. »Ich habe Hunger«, ertönte die Stimme der kleinen Anna.

»Waschen, anziehen, frühstücken!«, rief die Großmutter fröhlich.

»Gibt's Hähnchen?«, fragte Anna.

Da klopft doch einer

Ich bin müde«, klagte Anna. »Ich kann nicht mehr weiterlaufen. Meine Füße schmerzen.«

»Dort auf dem Hügel steht eine Bank«, tröstete die Großmutter das Mädchen. »Dort werden wir rasten. Ich habe für jeden einen Apfel in meiner Tasche. Später läuft es sich dann wieder leichter.«

»Wir rennen um die Wette«, rief Johannes.

»Mal sehen, wer zuerst oben ankommt.«

Die Kinder trabten los. Großmutter spazierte gemächlich den Pfad am hochstämmigen Wald entlang. Linker Hand lag eine abgeholzte Fläche. Neue Bäume waren gepflanzt worden und in diesem Sommer kniehoch aufgeschossen. Inmitten dieser Baumzwerge stand einsam ein Baumriese und reckte seine Zweige hoch in den Himmel.

Als Großmutter die Bank erreichte, spielten Anna und Johannes bereits. Sie saßen nebeneinander auf dem Boden in der Sonne und bauten aus trockenen Ästen ein Puppenhaus. Johannes polsterte gerade den Boden mit weichem Gras aus,

da klangen Hammerschläge herüber, schnelle, harte Töne, immer wieder von kurzen Pausen unterbrochen.

»Da schlägt ein Mann Nägel in einen Baumstamm«, vermutete Anna.

»Das glaube ich nicht«, widersprach die Großmutter.

»Irgendwer trommelt mit einem Stecken gegen einen Holzklotz«, behauptete Johannes.

»Das glaube ich nicht«, widersprach die Großmutter.

Die Kinder unterbrachen ihr Spiel, stellten sich neben die Großmutter und lauschten und schauten. Weit und breit war kein anderer Mensch zu sehen.

»Es kommt aus der Schonung«, sagte Johannes.

Anna drängte sich eng an die Großmutter.

»Lass uns schnell weglaufen«, flüsterte sie.

»Kein Grund, sich aufzuregen, Anna«, sagte die Großmutter und legte den Arm um das Kind.

»Beobachtet einmal genau den großen Baum. Wenn wir Glück haben, werden wir den Holzhacker bald sehen.«

Noch dreimal klang es tock-tock-tock, tock-tock-tock, tock-tock-tock.

Heftige Schläge waren das. Dann wurde es wieder still.

»Aufgepasst!«, sagte Großmutter. »Da!« Sie zeigte mit dem ausgestreckten Arm in die Richtung des großen Baumes. Ein Vogel, größer als eine Taube, flog auf und kam quer über die Schonung auf den Hochwald zu.

»Der will in den Wald«, sagte Anna.

13

»Der fliegt in Bögen. Genau wie die Wäscheleine, die auf dem Bauernhof hängt«, beobachtete Johannes, »auf und ab, auf und ab.« Nicht weit von der Bank entfernt, verschwand der Vogel im Wald.

»Weg ist er«, rief Anna. »Und eine rote Mütze hatte er auf.«

»Und schwarze und grüne Federn hab ich gesehen«, sagte Johannes. Sie horchten eine Weile.

»Da ist es wieder«, sagte Anna. Ganz von fern hörten sie das Hämmern. Johannes fragte: »Ist das nicht ein Specht, Großmutter?«

»Du hast es erraten, mein Junge. Es ist ein Specht.«

»Warum hämmert der?«, wollte Anna wissen.

»Er schlägt mit dem Schnabel Löcher in die Ritzen der Baumrinde und auch in das Holz. Er sucht nach Holzwürmern, nach Maden und anderen Schädlingen.«

Johannes ergänzte: »Die zieht er heraus und frisst sie auf.« Als er den erstaunten Blick seiner Schwester bemerkte, versicherte er: »Das hat unsere Lehrerin gesagt. Das kannst du ruhig glauben.«

»Tut das denn dem Baum nicht weh?«, fragte Anna.

Johannes zuckte gleichzeitig die Schultern. »Ist doch nur Holz«, meinte er.

»Für den Baum ist der Specht sehr nützlich. Schau mal!« Die Großmutter nahm einen morschen Ast vom Boden auf. Sie löste die Rinde vom Holz. Der Ast war unter der Rinde von Rillen und Löchern durchzogen.

»Das ist das Werk der Schädlinge«, erklärte die Großmutter. »Der Specht zieht sie aus dem Holz heraus. So bleibt der Baum gesund.«

»Das ist so ähnlich wie mit dem Blinddarm«, sagte Anna.

»Wieso?«, fragte Johannes und lachte.

»Den hat der Arzt auch aus meinem Bauch herausgezogen, du Blödmann«, eiferte sich Anna. »Und jetzt bin ich wieder gesund.«

»Aber mit dem Schnabel hat er ihn nicht herausgezogen«, neckte Johannes seine kleine Schwester.

»Werdet nicht albern, Kinder«, mahnte die Großmutter. »Der Specht jedenfalls ist ein nützlicher Vogel. Und ein Zeichen ist er auch.«

»Ein Zeichen? Genau wie der Hahn?«

»Ja, Junge. Ein Specht klopft unermüdlich die Würmer aus dem Holz. Es ist mit ihm wie mit dem Beten. Wer beharrlich und immer wieder betet, bei dem jagt das Gebet die bösen Gedanken und die Angst fort.«

»Wirklich?«, fragte Johannes.

»Ja, Junge. Nur nachlassen darfst du nicht. Mach's beharrlich wie der Specht und gib nicht auf.«

»Hätte ich nie gedacht, dass der Specht ein Zeichen für das Beten sein kann«, sagte Johannes.

Als sie den Wald hinter sich gelassen hatten, lag der Bauernhof nicht mehr weit. Anna schlug sich mit der kleinen Faust immer wieder leicht gegen ihren Kopf.

»Was soll denn das, Anna?«, fragte die Großmutter.

»Beharrlich«, antwortete Anna, »beharrlich.«

»Sie spinnt, Großmutter.«

»Gar nicht. Ich klopfe die Würmer heraus«, meinte Anna und gähnte.

Hundert spitze Stacheln und noch mehr

Kennst du eigentlich viele Zeichen, in denen man Gott erkennen kann?«, fragte Johannes seine Großmutter.

»Ein paar kenne ich schon«, sagte diese.

»Wie kommt es eigentlich, Großmutter, dass Gott sich hinter dem Hahn verbirgt und hinter dem Specht? Warum versteckt er das, was er uns sagen will?«

»Er versteckt es ja gar nicht, Junge. Alles, was lebt, alles, was da ist, stammt aus seiner Hand. Er hat alles gemacht. Du erkennst einen Bäcker an seinem Brot, einen Maler an seinen Bildern. Es ist eben so, dass man auch Gott an seinen Werken erkennen kann. Klar?«

»Du meinst so eine Art Fingerabdrücke?«

»Na ja«, gab Großmutter zu. »Gottes Fingerabdruck, gar nicht so schlecht.«

»Dann hat er sich beim Igel aber ganz schön gepikt«, sagte Anna.

»Quatsch«, meinte Johannes.

»Doch«, beharrte das kleine Mädchen. »Die Stacheln stehen beim Igel ganz dicht.«

»Ich meine«, versuchte Johannes, »du musst in den Stacheln ein Zeichen sehen.«

»Geht nicht«, sagte Anna. »Die Stacheln sind schwarz und braun und ganz undurchsichtig.«

Großmutter kam Johannes zur Hilfe.

»Was weißt du vom Igel, Anna?«, fragte sie.

»Der Bauer hat mir erzählt, dass im Garten eine ganze Igelfamilie lebt«, antwortete Anna. »Die kommt jeden Abend heraus. Die Bäuerin hat ihnen Haferflocken hingestellt, hat der Bauer gesagt. Und die Igel fressen auch Würmer. Sogar vor giftigen Schlangen hat der Igel keine Angst.«

»Aha«, meinte die Großmutter.

Anna schaute die beiden erstaunt an.

»Aha? Was ist?«, fragte sie. »Das hat der Bauer gesagt.«

»Das ist es ja, Anna«, rief Johannes. »Der Igel tötet die giftige Schlange.«

»Und?«, fragte Großmutter.

»Das ist so ähnlich wie bei Jesus«, fuhr der Junge fort. »Der Böse konnte ihm nichts tun. Jesus hat das Böse besiegt.«

»Du lernst es immer besser«, lobte die Großmutter ihren Enkel. »Du erkennst die Bedeutung hinter den Dingen. Es ist wirklich so, man kann im Zeichen des Igels Christus erkennen.«

»Es dämmert«, sagte Anna.

»Na, und?«, fragte ihr Bruder.

»Wenn es dämmert, dann kommt die Igelfamilie in den Garten, hat der Bauer gesagt.«

»Kinder, zieht eure warmen Jacken an. Es ist kühl geworden. Wir wollen versuchen die Igel zu beobachten«, sagte die Großmutter.

Schnell waren sie in die Jacken geschlüpft. Sie traten durch die Haustür, gingen um das Haus und erreichten den Gartenzaun.

»Pst!«, sagte Großmutter und legte den Finger über die Lippen. »Wir schleichen uns wie Indianer an und schweigen wie das Grab.«

Bei den Stangenbohnen vor dem Rasenstück blieben sie stehen. Sie warteten eine Weile. Richtig, da rührte sich etwas. Johannes zeigte den Gartenweg hinab. Da kamen sie. Voneweg lief ein ausgewachsener Igel und drei kleine Stachelknäuel folgten auf flinken Beinen. Hintereinander, wie aufgereiht, tippelten sie auf das Rasenstück zu. Kaum fünf Schritte vor den Kindern blieben sie stehen. Dorthin hatte die Bäuerin einen Teller gestellt. Die Igel schnupperten. Ihre schwarzen Knopfaugen blitzten. Sie machten sich über die Haferflocken her, die in dem Teller bereitstanden.

»Und wo bleibt die Schlange?«, fragte Anna laut. Die Igel zuckten zusammen und rollten sich ein.

Vier Stachelkugeln lagen rund um den Teller.

Erst nach einer ganzen Weile gerieten die Stacheltiere wieder

in Bewegung. Ganz vorsichtig hoben sie ihre Nasen in den Wind und trollten sich schließlich davon.

»Und 'ne richtige Familie war's auch nicht«, behauptete Anna. »Es war nur die Igelmama mit ihren drei Kindern.«

»Woher willst du wissen, dass der große Igel nicht der Papa war?«, lachte Johannes.

»Das weiß ich genau. Ist doch ein Zeichen. Genau wie bei uns. Wenn wir spazieren gehen, dann läuft Mama auch immer ganz vorn.«

Mitten in den Brennnesseln

Es war ein heißer Tag. Die Sonne brannte vom Himmel. Nur dann und wann versteckte sie sich für einen Augenblick hinter einer dicken, weißen Sommerwolke. Zu weiten Wanderungen hatten Johannes und Anna keine Lust. Großmutter war das nur recht. Sie wollte sich nach dem Mittagessen ein Stündchen aufs Ohr legen.

»Wir spielen zusammen hinter der Scheune«, sagte Johannes. »Da wachsen Sträucher. Im Schatten ist es kühler.«

Der Bauer mahnte: »Seid vorsichtig, Kinder! Hinter der Scheune steht allerlei Gerümpel herum.«

»Mannshohe Brennnesseln gibt es dort«, warnte ihn die Bäuerin.

»Wir passen schon auf«, versprach Johannes.

»Das Huhn brennt sich ja auch nicht«, sagte Anna.

»Was für ein Huhn?«, fragte die Bäuerin.

»Ich habe es noch nicht gesehen«, antwortete Anna. »Aber gegackert hat es. Ich hab's gehört«, beharrte sie.

»Na, na, erfindest du auch nichts?« Die Großmutter lachte.

»Sie müssen wissen, Frau Behrens, unsere Anna ist nämlich eine hervorragende Geschichtenerfinderin.«

»Ich habe nichts erfunden«, behauptete Anna. Johannes verteidigte die Schwester und bestätigte: »Ich habe das Gackern auch gehört. Ganz deutlich sogar.«

»Ob die braune Henne sich wieder ein Versteck gesucht hat und heimlich brütet?«, fragte Bauer Behrens.

»Das glaube ich nicht«, meinte die Bäuerin. »Jedenfalls habe ich noch nichts davon gemerkt.«

Der Bauer fuhr mit dem Traktor fort. Er wollte Mastfutter für seine vielen Schweine kaufen.

Frau Behrens klapperte in der Küche mit dem Geschirr. Großmutter legte sich aufs Bett. Die Kinder liefen hinter die Scheune. Es war ziemlich still dort. Nur ab und zu drang aus dem riesigen Schweinestall ein schrilles Quietschen herüber.

»Ich habe keine Lust, zu spielen«, sagte Johannes und reckte sich. »Es ist mir zu heiß.« Er setzte sich auf den verrosteten Sitz einer alten Sämaschine.

»Siehst du sie von dort oben?«, fragte Anna.

»Wen soll ich sehen?«

»Na, die Henne.«

Johannes spähte zur Scheunenwand hin.

»Nein«, antwortete er. »Nur der Brennnesselwald ist zu sehen. Außerdem ist das keine Henne. Wenn eine Henne brütet, dann ist sie eine Glucke.«

»Huhn, Henne, Glucke«, murmelte Anna, aber sie gab sich

zufrieden. »Dies ist mein Haus«, sagte sie. Eine ziemlich große Höhle unter einem Holunderstrauch war ihre Wohnung. Mit einem Zweig fegte sie den Boden blank. Dann ritzte sie mit einem Lattenstück Striche in den Grund.

»Warum machst du das?«, wollte Johannes wissen.

»Ich male die Zimmer«, antwortete Anna.

»Küche, Wohnzimmer, Schlafzimmer.«

»Ich will auch eine Werkstatt haben«, verlangte Johannes.

»Und ich brauche einen Hühnerstall.«

Johannes lachte und sah zu, wie seine Schwester sich abmühte. Ihr schien die Hitze nichts auszumachen.

Plötzlich hielt Anna inne. Sie lauschte.

»Da«, flüsterte sie. »Hörst du es auch?«

»Was soll ich hören?«

»Sie gackert wieder.«

Beide Kinder horchten in den Brennnesselwald hinein. Das Gackern kam näher, wurde aufgeregter. Die Brennnesseln bewegten sich. Erst sahen die Kinder nur einen braunen Schatten, dann aber konnten sie es deutlich erkennen. Die dicke braune Glucke lief langsam, Schritt für Schritt auf die Scheunenecke zu, pickte hier und pickte da und lockte immer wieder mit einem leisen Gackern. Die Kinder wagten kaum zu atmen. Sechs winzige, gelbe Küken folgten ihr, piepsten gelegentlich dünn und hoch und hielten sich dicht bei der Glucke. Schließlich war die Schar hinter der Scheunenecke verschwunden.

»Sie hat heimlich gebrütet, wie der Bauer gesagt hat«, bemerkte Johannes.

»Das erzählen wir der Großmutter«, rief Anna und wollte losrennen.

»Großmutter hat sich hingelegt. Wir können es ihr später immer noch erzählen. Erst will ich sehen, wo die Henne gebrütet hat.«

»Die Glucke«, verbesserte Anna.

Johannes schien die Hitze vergessen zu haben. Mit einem Stock hieb er auf die Brennnesseln ein und schlug eine Gasse in das Nesselfeld. Anna folgte ihm auf dem Fuß. Es dauerte gar nicht lange, da hatten sie das Nest entdeckt. Es lag dicht an der Bretterwand der Scheune. In eine alte Blechschüssel hatte die Henne Stroh geschichtet.

»Da liegt noch ein Ei«, sagte Anna.

So war es. Braun und schön lag ein Ei in der Sonne.

»Das bringen wir zu Frau Behrens«, schlug Anna vor.

»Es ist bestimmt längst faul. Sei vorsichtig! Wenn du es zerschlägst, stinkt es wie die Pest.«

Anna hob das Ei ganz behutsam auf und trug es über den Hof zur Küche hin.

»Ist noch ganz warm«, sagte sie.

»Klar, die Glucke hat doch gebrütet.«

Großmutter war inzwischen aufgestanden. In der Küche hielt sie ein Schwätzchen mit der Bäuerin.

»Guckt mal«, sagte Anna und hielt den Frauen das Ei entgegen.

»Wir haben es hinter der Scheune im Nest gefunden«, erklärte Johannes. »Und die Glucke hat sechs Küken.«

»Das Ei ist sicher tot«, sagte die Großmutter. »Das kommt schon mal vor.«

»Aber es pickt innen«, stellte Anna fest.

Johannes lachte. »Es pickt bei dir im Kopf«, stichelte er.

Die Bäuerin nahm das Ei in ihre Hand, hielt es gegen ihr Ohr und sagte: »Legt es auf die Fensterbank in die Sonne. Wenn ihr gut aufpasst, dann könnt ihr bald ein kleines Wunder erleben.«

Die Kinder brauchten nicht lange zu warten, bis das Küken von innen ein Loch in die Schale gebrochen hatte, sich allmählich, ganz allmählich aus dem Ei befreite, matt in der Sonne lag, schließlich aber versuchte auf seinen wackligen Beinchen zu stehen, zu tippeln.

Die Bäuerin nahm es in die Hand und trug es zu der Glucke.

»Rabenmutter«, sagte sie. »Erst brütest du im Geheimen und dann lässt du dein jüngstes Kind im Stich.«

Die Glucke gackerte laut, ließ sich in der Sonne nieder, kuschelte sich in eine flache Mulde und spreizte die Federn. Das Kleine schlüpfte tief zu ihr ins Gefieder. Nur noch ein dottergelber Schimmer war zu sehen.

»Und ihr hattet gemeint, das Ei ist tot«, rief Anna voll Stolz.

»Es war ein richtiges Osterei«, sagte die Großmutter.

»Aber es ist doch schon Pfingsten vorbei«, staunte Johannes. »Weshalb sollte das ein Osterei gewesen sein?«

»Wie bei Jesus«, brummelte Anna vor sich hin. »Erst tot, dann Ostern.«

Großmutter schaute ihre kleine Enkelin verwundert an, strich ihr über das Haar und sagte: »Die Anna hat das Zeichen erkannt. Aus dem scheinbar toten Ei schlüpft das Leben hervor. Und weil die Menschen die Auferstehung von den Toten überhaupt nicht richtig mit ihrem Verstand begreifen können, deshalb haben sie für Ostern ein Zeichen gesucht und gefunden.«

»Das Osterei«, sagte Johannes.

»Wir haben früher hier im Dorf Eier zu Ostern bemalt und haben darauf geschrieben: ›Christus ist auferstanden, alleluja.‹ Aber offen gesagt, nachgedacht darüber, warum das Ei ein Osterei werden kann, hab ich früher eigentlich nie«, sagte die Bäuerin.

Die Nachtwanderung

Zugegeben, Johannes hatte ein wenig Angst. Aber zeigen wollte er sie nicht. Schließlich hatte er deswegen die Großmutter tagelang bestürmt. Eine Wanderung durch die Nacht sollte sie mit ihm machen.

Endlich hatte sie eingewilligt.

Zugegeben, auch die Großmutter hatte ein wenig Angst. Aber zeigen wollte sie diese ebenso wenig wie Johannes. Schließlich hatte sie ihm eine Nachtwanderung versprochen. Und versprochen ist versprochen.

»Willst du auch mit auf die Nachtwanderung gehen?«, fragte die Großmutter die kleine Anna nach dem Abendbrot.

»Was wollt ihr machen?«, fragte das Mädchen und starrte den Bruder verwundert an.

»Du hast's doch gehört, eine Nachtwanderung.«

Anna schüttelte den Kopf. »So etwas mache ich nicht«, sagte sie entschieden. »Ich bin müde, ich will ins Bett.«

Johannes sah sich noch lange das Fernsehprogramm an. Von Zeit zu Zeit trat er vor die Haustür und schaute nach, ob es bereits dunkel genug war. Die Großmutter las. Schließlich wollten Bauer Behrens und seine Frau ins Bett gehen.

»Bauersleute müssen früh aus den Federn und gehen am besten beizeiten schlafen«, sagte Frau Behrens. Der Bauer gab der Großmutter den guten Rat: »Lassen Sie das Licht an der Haustür brennen. Das leuchtet Ihnen und Sie finden später sicher heim.« Er gähnte und wünschte eine gute Nacht.

»Ich nehme meine Taschenlampe mit«, sagte Johannes. Als Großmutter ihn anblickte und lachte, beteuerte er: »Ich knipse sie nur im Notfall an.«

Dann war es so weit. Großmutter und Johannes traten vor das Haus. Es war eine laue Frühsommernacht, der Himmel hatte sich mit Wolken überzogen.

Ab und zu blinzelte ein Stern hell durch ein Wolkenloch und manchmal schaute auch der Mond für einen Augenblick voll und rund hervor.

»Es kommt mir so vor, als ob die Sterne hier heller leuchten als bei uns in der Stadt«, sagte die Großmutter. »Kein Neonlicht, keine Straßenlaterne lässt sie verblassen.«

»Ja«, bestätigte Johannes, »es ist hier sehr dunkel.«

»Je dunkler die Nacht, umso heller die Sterne«, tröstete ihn die Großmutter. Johannes fand Gefallen an diesem Satz und sagte: »Und je stiller die Nacht, umso lauter die Geräusche.«

Sie gingen am Waldrand entlang. »Das stimmt, mein Junge«, gab die Großmutter zu. »Ich höre die Äste knacken, die Blätter rauschen im Wind und die Mäuse rascheln im Gras.«

31

»Meinst du?«, fragte Johannes und er fasste die Hand der Großmutter etwas fester. Dünne, weiße Schleier lagen in den Wiesenmulden.

»Durch den Wald gehen wir aber nur bis zu der Lichtung«, sagte Johannes.

»Bist du schon müde, Junge?«

»Müde? Nein, Großmutter, aber ich habe so ein komisches Gefühl im Bauch.«

»Also gut, nur bis zur Lichtung«, stimmte Großmutter erleichtert zu.

Als sie auf den Weg in den Wald einbogen, war es stockfinster. Sie gingen mit schnelleren Schritten. Einmal schrie ein Vogel im Schlaf auf und sie zuckten zusammen.

Wenn der Junge es wollte, dachte die Großmutter, dann würde ich gern umkehren.

Wenn die Großmutter jetzt umkehrt, dann bin ich froh, dachte Johannes.

Weil aber niemand die Gedanken eines anderen lesen kann, liefen sie weiter.

Nach einer Weile erreichten sie die Lichtung. Der Wolkenvorhang war aufgerissen. Der Mond warf sein silbriges Licht über Baum und Strauch. Sie konnten die Lichtung weit überblicken.

»Die Nacht nimmt fast alle Farben weg«, flüsterte Johannes. »Nur Schwarz und Grau und Silber kann man noch unterscheiden.«

»Wir setzen uns ein wenig auf die Bank«, schlug Großmutter vor. Johannes dachte: Vielleicht sehen wir Rehe.

Sie saßen eng aneinander geschmiegt. Das ruhige Nachtbild vertrieb ihre Angst. Rehe sahen sie nicht. Aber dann erspähte Johannes einen großen Schattenvogel, der lautlos über die Lichtung strich. Er zeigte stumm mit der Hand in die Richtung des Vogels. Der bewegte nur sanft die Schwingen, kreiste, hob sich höher in den Himmel hinauf und verschwand nach einer Weile hinter dem schwarzen Saum der Bäume.

»Das war eine Eule«, sagte Großmutter. »Sie ist zurück in den Wald geflogen.«

»Stößt sie nicht gegen einen Baum? Kann sie in der Finsternis denn sehen, wohin sie fliegt?«, wollte Johannes wissen.

»Eulen können selbst in dunkler Nacht die Maus im Gras erkennen.«

»Auch dort, wo die anderen Vögel gar nichts mehr sehen, können die Eulen noch fliegen?«

»Ja, Junge, auch dort.«

Sie saßen noch eine Weile stumm nebeneinander. Aber allmählich kroch ihnen die Kälte in die Beine. Sie machten sich auf den Heimweg, redeten miteinander und waren froh, dass sie das Abenteuer bald hinter sich hatten.

»Großmutter«, sagte Johannes, »der Junge, der nebenan auf dem Bauernhof wohnt, hat mich gefragt, ob ich keinen Großvater mehr habe.«

»Und was hast du geantwortet, Junge?«

»Mein Opa, der ist im Himmel bei Gott, habe ich gesagt.«

»Ja, Junge, das glaube ich auch. Dein Großvater war ein guter Mann.«

»Der Junge hat aber gesagt, das ist alles Quatsch mit dem Himmel. Wenn einer tot ist, hat er gesagt, dann ist er eben tot. Basta, hat er gesagt. Und Gott, den gäbe es überhaupt nicht.«

Die Großmutter schwieg. Dann aber antwortete sie: »Weißt du, Johannes, mit den Menschen, die an Gott glauben, ist es wie mit der Eule.«

»Wieso? Was meinst du damit, Großmutter?«

»Na ja, wo für andere nur Nacht und Finsternis ist, da erkennen die Christen ein bisschen mehr. Sie ahnen in allen Dunkelheiten das helle Licht Gottes.«

»Die Christen sind ja dann wie die Eulen«, bemerkte der Junge.

»Ein bisschen schon.«

Am nächsten Morgen prahlte Johannes am Frühstückstisch mit seinen Nachterlebnissen. Anna war noch etwas verschlafen. Schließlich fragte sie: »Hat Großmutter sich denn wirklich splitternackt ausgezogen?«

»Wie bitte?«, fragte Großmutter.

Alle schauten auf das kleine Mädchen. Anna wurde ein wenig verlegen und sagte: »Ihr habt doch gesagt, ihr wolltet eine Nacktwanderung machen.«

Das schönste Rad der Welt

Es regnete den ganzen Vormittag in Strömen. Die Regentropfen klatschten schwer in die Pfützen und ließen tausend kleine Springbrunnen emporschießen. Großmutter nützte die Zeit und schrieb lange Briefe. Einer war für ihre Schwester bestimmt, die schon seit fünf Wochen in einem Krankenhaus liegen musste. Der zweite lag zusammengefaltet im Umschlag und sollte an ihre Tochter geschickt werden.

»Gleich schreibe ich noch an eure Eltern«, kündigte sie ihren Enkeln Anna und Johannes an. »Du, Johannes, kannst dann einen Gruß darunter schreiben.«

»Ich auch«, rief Anna.

»Ja, Kind, ich werde dir die Hand führen«, versprach die Großmutter.

Anna wandte sich wieder ihren Puppen zu. Johannes hockte in dem mächtigen Sessel, der am Fenster stand, und sah und hörte nichts. Er las. Die Bäuerin hatte ihm eine Bibel für Kinder geliehen. »Ist noch von meiner Tochter«, hatte sie gesagt.

Johannes vertiefte sich in das abenteuerliche Schicksal von Josef, der von seinen eigenen Brüdern verraten und verkauft worden war. Die Ohren wurden bei der spannenden Geschichte immer röter. Schließlich ließ Johannes das Buch sinken und fragte: »Großmutter, wie sieht Gott eigentlich aus?«

»Wie so ein ganz alter, großer Opa sieht er aus«, antwortete Anna. »Einen langen weißen Bart hat er.«

»Wer hat dir denn den Unsinn erzählt?«, lachte die Großmutter.

»Habe ich selbst gesehen«, verteidigte sich Anna. »Meine Freundin Martina hat ein Foto davon.«

Johannes schrie: »Quatsch. Gott kann man nicht fotografieren.«

»Hat sie aber!« Anna wurde böse.

Großmutter legte Briefpapier und Kugelschreiber beiseite und erzählte: »Wisst ihr, Kinder, das ist keine neue Frage, die der Johannes da stellt. Vor langer, langer Zeit, da hat ein bedeutender Mann schon einmal gefragt: ›Wie siehst du aus, Gott?‹ Der Mann hieß Moses. Er hatte das Volk Israel durch die Wüste geleitet. Er wollte die Menschen in das wunderbare Land führen, das Gott seinem Volk versprochen hatte.

›Ich möchte dich einmal sehen, Gott‹, hat Moses in den Wind gerufen. Gott hat die Stimme dieses Mannes gehört.

›Da im Gebirge ist ein tiefer Felsspalt‹, hat Gott dem Moses geantwortet. ›Gehe tief in diesen Spalt hinein. Drehe dein

Gesicht der Felswand zu. Ich will draußen vorüberschreiten.‹

Moses tat so, wie Gott es gesagt hatte. Ganz weit ging er in den Spalt hinein und stellte sich dicht vor die steinerne Wand. Plötzlich war Moses wie von hundert Blitzen geblendet. Feuriges Licht, wie es nie zuvor ein Mensch geschaut hatte, strahlte hell auf.

Moses wurde von großer Freude erfüllt. Er eilte zu seinem Volk zurück und wollte alles erzählen. Auf seinem Gesicht aber lag ein solcher Glanz, dass niemand ihn anblicken konnte. Er musste sein Gesicht mit einem Schleier verhüllen. Er hatte den Widerschein Gottes mit eigenen Augen gesehen.«

»Was ist das, ein Widerschein?«, wollte Anna wissen.

Johannes zeigte zu den Baumwipfeln hinauf.

Es hatte zu regnen aufgehört. »Da ist ein Widerschein, Anna«, sagte er. »Die Sonne kann man jetzt aus unserem Fenster nicht sehen. Aber ihre Strahlen fallen auf die Bäume. Du kannst den Sonnenschein in den Bäumen sehen.«

»Ist das ein Widerschein?«, fragte Anna ungläubig.

»Ja, Anna, das ist ein Widerschein«, bestätigte ihr die Großmutter.

Spätnachmittags gingen die Kinder mit der Großmutter ins Dorf. Sie wollten die Briefe an der Post einwerfen. Als sie am Hof des Bauern Heckerens vorbeikamen, blieben sie wie angewurzelt stehen. Da stolzierte ein sehr großer Vogel über

den Hof. Grün und blau schillerte sein Gefieder. Einen langen Federschweif schleppte er hinter sich her.

»Ein ganz, ganz großer Hahn«, staunte Anna.

»Nein, Kind, das ist kein Hahn. Das ist ein prächtiger Pfau«, erklärte die Großmutter.

»Der hat herrliche Federn«, schwärmte Johannes. »Die wären richtig für einen Indianerhut.«

Der Pfau hüpfte die Treppenstufen zum Wohnhaus hinauf, sprang auf das Steingeländer und stand schließlich im hellen Sonnenlicht. Sein Gefieder funkelte.

»Widerschein«, flüsterte Anna.

Mit einem Mal begann der Pfau seine Schwanzfedern zu spreizen und auszubreiten. Er entfaltete sie schließlich zu einem riesigen Rad. Der zarte, durchsichtige Federkranz schien wie mit Edelsteinen besetzt.

»Tretet ein wenig hierher«, sagte Großmutter leise.

Die Kinder schlichen zu ihr hin. Die Sonnenscheibe stand jetzt genau hinter dem Pfauenrad. Johannes musste die Augen zu ganz schmalen Schlitzen zusammenkneifen, so blendete ihn der Glanz.

»Ein Zeichen«, flüsterte er. »Der Pfau ist ein Zeichen.«

Die Haustür öffnete sich und eine Frau trat heraus. Erschreckt klappte der Pfau sein Rad zusammen und sprang von dem Geländer herab in den Hof zurück. Dabei flatterte er heftig mit den Flügeln und schrie schrill und aufgeregt.

»Ja«, sagte die Großmutter, »ein Zeichen für Gottes Herrlichkeit ist er. Wenn ihr genau zuschaut, Kinder, dann entdeckt ihr viele Spuren Gottes in unserer schönen Welt. Und einmal wird sich die Herrlichkeit Gottes überall zeigen. Unvorstellbar schön wird das sein.«

»Wie der Pfau mit dem Sonnenrad«, sagte Anna.

»Viel, viel schöner«, behauptete Johannes.

Als Anna am Abend in die große Bauernstube trat, hatte sie sich den Fetzen einer alten Gardine über den Kopf und vor das Gesicht gehängt.

»Anna ist eine Braut«, lachte Johannes.

»Bin ich nicht«, kam es unter dem Schleier hervor. »Ich bin wie der Moses. Ich habe den Widerschein im Gesicht von dem Sonnenpfau.«

»Ist aber lästig beim Essen«, neckte Johannes sie. »Es gibt Blaubeerpudding.«

»Guck weg«, befahl Anna. »Ich nehme meinen Schleier ab. Blaubeerpudding ist mein Leibgericht.«

Rennpferde mit Flügeln

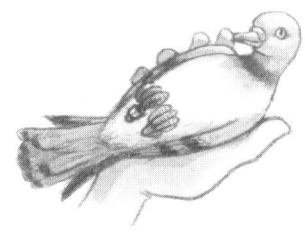

Jörg Behrens hieß der jüngste Sohn des Bauern. Die ganze Woche über lebte er in der Stadt. Er hatte dort ein Zimmer gemietet.

»Er lernt in einer Bank«, sagte die Bäuerin.

»Was lernt er da?«, fragte Anna.

»Er muss die Geldscheine zählen«, antwortete Johannes. Anna gab sich damit zufrieden.

»Übers Wochenende kommt er regelmäßig nach Hause«, sagte die Bäuerin. »Ihr werdet ihn kennen lernen.«

»Er ist sicher gern bei Vater und Mutter«, vermutete die Großmutter.

»Es ist wohl mehr wegen der Tauben. Die Brieftauben in dem Taubenschlag über dem Schuppen gehören dem Jörg. Wenn er am Freitagabend kommt, dann ist sein erster Gang zum Taubenschlag. ›Ich komme später ins Haus‹, ruft er mir dann zu. Zuerst will er nachschauen, ob wir seine Rennpferde auch gut versorgt haben.«

»Wieso Rennpferde?«, wollte Johannes wissen.

»Warte es ab, Junge«, antwortete die Bäuerin. »Am Sonntag wirst du alles verstanden haben.«

»Pferde haben keine Flügel«, sagte Anna.

Voll Ungeduld warteten die Kinder auf den Jörg mit den fliegenden Rennpferden. Als endlich am späten Freitagnachmittag ein kleines Auto auf den Hof fuhr, da standen die Kinder schon vor dem Haus, rannten hinzu und hielten die Autotür weit auf.

»Bist du der Jörg?«, fragte Anna.

»Ja, der bin ich. Und wer seid ihr?«

»Wir sind die Feriengäste«, sagte Johannes.

»Das ist die Anna und ich bin der Johannes.« Jörg reichte den Kindern die Hand.

»Der hat ganz große Hände«, flüsterte Anna ihrem Bruder ins Ohr.

»Jörg zählt sicher nur die großen Geldscheine«, scherzte Johannes.

Jörg wandte sich von den Kindern ab und sagte: »Ich muss zuerst . . . «

» . . . zu den Rennpferden«, ergänzte Anna.

Jörg lachte und sagte: »Ich sehe, ihr kennt euch aus. Wollt ihr mitgehen?«

Das ließen sich die Kinder nicht zweimal sagen. Im Schuppen war es dämmrig. Durch ein einziges, trübes Fenster drang ein wenig Tageslicht. Johannes und Anna kletterten hinter Jörg eine steile Stiege zum Dachboden hinauf.

Jörg öffnete die Luke. Der Dachboden war licht und hell. Die Abendsonne schien durch drei blank geputzte Dachfenster.

Hinter einem Gitter aus schmalen, hölzernen Leisten befanden sich die Tauben. Sie stolzierten am Gitter entlang, warfen die Köpfchen hoch und gurrten aufgeregt. Jörg redete ihnen zu, öffnete vorsichtig das Lattentor zum Schlag, sah nach dem Trinkwasser und dem Futter, schaute in die Nester und war zufrieden.

Er griff nach einer blau gefiederten Taube. Ruhig lag der Vogel in seiner großen Hand.

»Morgen, Elvira, morgen wirst du reisen«, sprach Jörg die Taube an. Die legte ihren Kopf auf die Seite und beäugte den jungen Mann. Es sah so aus, als ob sie ihm aufmerksam zuhörte. Johannes und Anna standen und staunten. Endlich entließ Jörg die Taube wieder in den Schlag und schloss die Tür.

»Schön, nicht wahr?«, sagte er.

Die Kinder nickten.

»Und wann rennen sie?«, fragte Anna.

»Morgen schicke ich Elvira und fünf weitere Tauben auf die Reise. Vierhundert Kilometer weit reisen sie mit dem Auto.«

»Das lügst du«, sagte Anna.

»Nein, Anna. Mit meinen sechs Tauben reisen noch viele hundert andere Tauben. Sonntag werden sie in Darmstadt freigelassen. Sie fliegen dann schnurstracks in ihren heimischen Schlag zurück. Die Tauben, die zuerst ankommen, haben das Rennen gewonnen.«

»Ich glaube das nicht«, sagte Anna.

Auch Johannes blickte ungläubig drein.

»Vierhundert Kilometer?«, fragte er. »Ist das nicht viel zu weit für so kleine Vögel?«

»Ihr werdet es erleben«, antwortete Jörg. »Aber jetzt muss ich schnell ins Haus zu meiner Mutter. Sonst wird sie eifersüchtig auf meine Tauben.«

Beim Abendessen drehte sich das Gespräch nur um Jörgs Tauben. Beim Frühstück am Samstag war es ebenso.

»Um zehn Uhr fährt der Wagen«, sagte Jörg.

»Sechs Tauben schicke ich mit. Aber siegen wird Elvira.«

»Sei nicht zu sicher«, mahnte der Bauer. »Elvira ist ein guter Vogel, aber andere Leute haben auch keine lahmen Enten.«

Jörg holte die sechs Tauben aus dem Schlag. Er nannte sie beim Namen, prüfte sorgfältig ihren Ring am Bein und steckte die blau-grauen Vögel behutsam in einen Korb.

»Wollt ihr mit zur Sammelstelle fahren?«, fragte er die Kinder. Die ließen sich nicht lange bitten und drängten sich auf den schmalen Rücksitz des Autos.

»Es stimmt doch, was der Jörg gesagt hat«, musste Johannes zugeben, als das Auto hielt. Da stand ein großer Lastwagen. Der war voll gepackt mit Taubenkörben. »Es sind weit über tausend Tauben, die morgen in Darmstadt aufgelassen werden«, sagte Jörg.

»Und die finden auch alle hierher zurück?«, fragte Johannes.

»Ja. Wenn kein Gewitter sie niederdrückt. Wenn kein Bussard und kein Habicht sie schlagen. Wenn kein Sturm sie abtreibt.«

Viele »Wenn«, dachte Johannes.

»Aber Elvira wird es schaffen.« Jörg war zuversichtlich und tätschelte den Taubenkorb, ehe er ihn am Lastwagen abgab.

Johannes und Anna waren längst vom Taubenfieber angesteckt worden. Selbst Großmutter holte einen Atlas aus ihrem Auto und suchte den Ort, an dem die Tauben zum Wettflug starten sollten.

»Ist ja gar nicht weit«, sagte Anna enttäuscht und maß die Strecke mit ihrer Spanne zwischen Daumen und Zeigefinger.

»Auf dem Atlas ist die Welt klein«, erklärte Johannes. »Aber in Wirklichkeit ist Darmstadt weit entfernt.«

»Vierhundert Kilometer ungefähr«, bestätigte Jörg. »Aber meine Elvira wird es schaffen.«

Am Sonntag nach dem Gottesdienst saß Johannes vor dem Haus und starrte ins Blaue. Es war ein schöner Tag.

»Gutes Flugwetter«, sagte der Bauer. »Vor zwei Uhr können sie nicht zurück sein.«

Das Mittagessen wurde von den Kindern, von Jörg, ja selbst von Bauer Behrens hastig und ohne große Aufmerksamkeit hinuntergeschlungen.

»Wenn die Tauben fliegen, dann lohnt es sich gar nicht, für euch leckere Speisen zu kochen«, murrte die Bäuerin.

»Lass man, Mutter«, tröstete Jörg. »Nächsten Sonntag essen wir wieder in Ruhe.«

»Vor zwei Uhr können sie nicht hier sein«, hatte der Bauer gesagt. Aber schon vor eins saß auch er neben seinem Sohn Jörg und den Kindern. Sie starrten Löcher in die Luft. Jörg hatte ein Fernglas um den Hals gehängt. Die Kinder durften hindurchschauen und konnten bis weit über den Waldsaum hin alles beobachten. Sie redeten wenig und warteten. Großmutter setzte sich zu ihnen. Sie las die Zeitung. Das Rascheln des Papiers machte Jörg nervös. Großmutter bemerkte es und sagte: »Ihr wartet ja unruhiger, als Noah seinerzeit auf seine Taube wartete.«

»Welcher Noah?«, fragte Jörg zerstreut.

»Das ist die Geschichte von der großen Flut, die die ganze Erde bedeckte. Gott war zornig über die Bosheit der Menschen. Er wollte sie hinwegschwemmen. Nur der gerechte Noah und seine Familie sollten der Wasserflut entgehen. Noah baute eine riesige Arche, wie Gott ihm gesagt hatte, und ging mit seinen Söhnen und Verwandten an Bord.«

»Und mit den Tieren«, ergänzte Anna.

»Ja, Kind, richtig. Die Tiere gehörten auch dazu. Je ein Paar brachte Noah in die Arche. So hatte es Gott befohlen.«

»Und weshalb wartete Noah denn auf die Taube?«, fragte Johannes.

»Als die Wassermassen viele Tage Berg und Tal bedeckt hatten, da ließ Noah einen Raben frei. Aber der fand kein tro-

ckenes Plätzchen und kehrte müde zur Arche zurück. Später ließ Noah eine Taube auffliegen. Aber auch die ließ sich nach einigen Stunden ermattet wieder auf der Arche nieder. Nach weiteren sieben Tagen warf Noah abermals eine Taube in die Luft. Er hoffte darauf, dass sie endlich trockenes Land in der Wasserwüste finden würde.«

»Ein Zeichen der Hoffnung«, sagte Johannes.

»Ja, Johannes, und noch mehr. Die Taube wurde zum Zeichen der Versöhnung zwischen Gott und den Menschen. Wirklich kehrte die Taube zurück. Im Schnabel trug sie einen kleinen Zweig vom Ölbaum. Das Warten hatte sich gelohnt. Die Hoffnung wurde erfüllt. Gottes Zorn hatte ein Ende genommen. Er versöhnte sich mit den Menschen. Dafür war die Taube ein Zeichen.«

»Elvira«, sagte Anna.

Jörg lachte und rief: »Die Taube aus der Arche hatte bestimmt einen anderen Namen.«

»Noahs Taube hieß vielleicht ›Schalom‹, das heißt ›Friede‹«, vermutete Großmutter.

»Elvira«, rief Anna. »Da kommt Elvira.«

»Donnerlittchen!«, rief der Bauer. »Da haben wir vor lauter Noah unsere eigenen Tauben vergessen.«

Ein Taubenschwarm näherte sich. Einige Tauben kurvten auf den Bauernhof zu. Jörg rannte in den Schuppen. Johannes lief hinter ihm her. Schweigend hockten sie im Taubenschlag und warteten. Das Herz klopfte ihnen im Halse.

Eine Taube schlüpfte herein. »Brav, Elvira«, lobte Jörg das Tier und zog eilends der Taube den Ring vom Bein. Er steckte ihn in einen Taubenuhrkasten.

»Jetzt kann genau geprüft werden, wann Elvira in den Schlag eingeflogen ist«, sagte Jörg.

Die anderen Tauben ließen sich mehr Zeit. Aber schließlich hatte Jörg alle Ringe in den Uhrkasten gesteckt und kletterte mit Johannes vom Dachboden hinunter.

»Gut, dass sie alle wieder heimgefunden haben«, sagte der Bauer.

Jörg fuhr mit der Taubenuhr los. Glücklich kehrte er am Nachmittag zurück. »Elvira ist die zweitschnellste Taube gewesen«, sagte er stolz.

»Elvira ist mein bestes Pferd im Stall.«

Anna lief auf ihn zu. Sie hatte einen kleinen Buchsbaumzweig gepflückt.

»Für Elvira«, sagte sie. »Wie auf der Arche. Gott schaut uns jetzt freundlich an.«

»Schalom, schalom«, antwortete Jörg ernsthaft. »Ich bin heute klüger geworden. Versöhnung und Frieden, werde ich denken, wenn ich meine Tauben sehe.«

Ein Rätsel wird gelöst

Als das Abendessen auf dem Tisch stand, fragte Anna: »Machen wir es heute wie die Juden?«

Alle schauten Anna erstaunt an. Die wurde verlegen und sprach leise: »Weil doch heute Freitag ist.«

Johannes begann laut zu lachen und rief: »Die Anna spinnt mal wieder.«

Großmutter aber kam der Enkelin zu Hilfe und erklärte: »Ich habe der Anna erzählt, dass die Juden jeden Freitagabend ihren Sabbat beginnen, den Tag in der Woche, an dem sie Gott besonders preisen und loben.«

»Mit Singen und Beten«, ergänzte Anna.

»Und mit einem festlichen Abendessen, mit Kerzenlicht und mit Vorlesen aus der Bibel«, zählte Johannes auf.

»Du weißt ja wirklich viel darüber«, sagte Frau Behrens anerkennend.

»Haben wir alles in der Schule gehört.«

»Aber kein Kind muss ins Bett«, behauptete Anna.

Johannes fragte: »Wie meinst du das?«

»Großmutter hat es gesagt. Alle Kinder dürfen an dem Abend aufbleiben, bis sie von selbst einschlafen.«

»Stimmt das, Großmutter?«

»Ja, so habe ich es jedenfalls gelesen.«

»Au, fein!«, jubelte Johannes. »Dann machen wir es heute Abend wie die Juden.«

»Warum nicht?«, stimmte Herr Behrens zu. Er nahm seine Pfeife und zündete den Tabak an.

»Haben die Juden auch ein Rauchopfer dargebracht?«, fragte er und paffte gewaltige blaue Wolken in die Stube.

»Das weiß ich nicht«, sagte Anna. »Aber Geschichten haben sie sich erzählt. Geschichten von früher.«

So kam es, dass bei Behrens an diesem Abend der Fernseher dunkel blieb. Es wurde von früher erzählt. Von früher, als der Pflug noch von Pferden gezogen wurde und nicht vom Traktor. Von früher, als am Martinstag drei fette Schweine geschlachtet wurden und das ganze Haus nach heißem Fett und frischer Wurst roch. Von früher, als die ganze Familie, klein und groß, nacheinander im selben Badewasser in einer großen Blechwanne badete. Von früher, als das alte Zeitungspapier in viele handliche Stücke zerschnitten und im Klo an einem Nagel aufgehängt wurde. Von früher, als der Vater des Bauern sonntags zwei schöne Pferde vor die Kutsche spannte und mit der Familie zur Kirche fuhr. Von früher, als die ganze Familie oft des Abends rund um den Tisch saß und ... «

»Und ihr hattet wirklich kein Fernsehen?«, fragte Johannes.

»Nein, Junge, das Fernsehen war noch gar nicht erfunden.«

»Ja, was habt ihr denn den ganzen Abend gemacht?«

»Erzählt haben wir, wie wir es heute Abend machen. Manchmal haben wir auch Mühle gespielt oder Dame. Oder wir haben gesungen. Die Frauen haben Wollsocken gestrickt. Aber wir sind auch früh in die Federn gegangen. Wir hatten ja einen langen Tag mit schwerer Arbeit hinter uns.«

»Habt ihr auch Rätsel gelöst?«, wollte Anna wissen.

»Rätsel?«, fragte Bauer Behrens. Dann wandte er sich an seine Frau. »Mutter, haben wir damals auch Rätsel gelöst?«

»Aber sicher, Bernhard. Meine Tante kannte wenigstens hundert verschiedene Rätsel«, sagte die Bäuerin.

»Bitte, Frau Behrens, geben Sie uns ein Rätsel auf«, bettelte Johannes.

»Ja, Junge, es ist schon ziemlich lange her, dass wir Rätsel gelöst haben. Meine Tante ist schon länger als zwanzig Jahre tot. Aber wart mal, eins kann ich, glaube ich, noch.«

Sie überlegte eine Weile und sagte dann:

>»Das stärkste Tier in Wald und Feld,
es gibt kein stärk'res auf der Welt.
Hebst du auch einen Zentnersack,
es trägt noch viel mehr huckepack
und schleppt es über Stock und Stein.
Sag mir, wie mag sein Name sein?«

Bei »Elefant« sagte Frau Behrens Nein. Ebenso bei »Löwe«, »Nilpferd« und »Dinosaurier«. Schließlich gab sie den Kindern eine Hilfe.

»Das Tier trägt sein eigenes Haus.«

Da wusste Johannes es sofort und schrie: »Die Schnecke ist's, die Schnecke! Die Schnecke trägt ihr Haus nämlich auf dem Rücken.«

Anna nickte schläfrig, gähnte und fragte: »Was machen die Schnecken im Winter?«

Das war ein viel zu schweres Rätsel. Großmutter sagte: »Darüber habe ich bisher noch nie nachgedacht.«

Anna triumphierte: »Das hast du bestimmt nicht in der Schule gelernt, Johannes. Das weiß deine Lehrerin selbst nicht.«

»Weiß sie wohl«, antwortete Johannes mit Überzeugung. »Das kommt bestimmt im nächsten Schuljahr an die Reihe.«

Der Bauer wiegte zweifelnd seinen Kopf und gestand: »Ich war neun Jahre in der Schule. Ich habe darüber nie etwas gehört. Ich habe keine Ahnung, was die Schnecken im Winter machen. Aber im Frühjahr, wenn der Schnee weggeschmolzen ist, dann kannst du die Schneckenhäuser finden. Wie tot liegen sie da. Die Öffnung ist mit einer Haut zugeklebt. Wenn die Tage wärmer werden, dann kriecht die Schnecke wieder hervor und streckt ihre Fühler in die Luft.«

»Aha«, sagte die Großmutter.

»Was meinst du mit › aha‹ ?«, fragte der Junge.

»Mir ist ein Licht aufgegangen«, antwortete die Großmutter.

»Sie hat ein Rätsel gelöst«, rief Anna.

Großmutter legte Anna den Arm um die Schulter und bestätigte: »Ja, Kind, so kann man es nennen. Ich habe nämlich einmal gehört, dass die Schnecke ein Zeichen sein soll, ein Zeichen für die Auferstehung von Christus. Aber ich habe mir darauf noch nie so recht einen Reim machen können.«

»Und jetzt kannst du's?«, fragte Johannes.

»Ja, Junge. Es ist wie mit der Schnecke und ihrem Haus. Wie tot liegt das Schneckenhaus. Wie ein Grab. Dann auf einmal springt das Haus auf und das neue Leben kommt hervor«, erklärte die Großmutter.

»Wie bei Jesus«, sagte Johannes. »Leben aus dem Grab.«

»War ja gar kein Reim«, maulte Anna.

»Wie meinst du, Kind?«

»Du hast gesagt, du könntest jetzt einen Reim darauf machen«, bemerkte das Kind.

»Aber ich kenne einen Reim darauf«, sagte Johannes und begann eifrig:

»Erstanden ist der heilige Christ,
der tot im Grab gelegen ist.
Hat aufgesprengt den schweren Stein,
den Tod konnt er bezwingen.
Drum wolln wir alle fröhlich sein
und halleluja singen.«

»Hat er auch in der Schule gelernt«, sagte Anna laut und lang. »Schön ist es bei den Juden«, murmelte sie, schon halb im Schlaf. »Kein Kind muss am Freitagabend ins Bett.«

Ein wildes Spiel

Es steckt richtig an, die Tiere mit anderen Augen zu sehen«, sagte Bauer Behrens.

»Hast du denn auch schon ein geheimes Zeichen entdeckt?«, fragte Anna neugierig.

Der Bauer schmunzelte und antwortete: »Ich glaube schon.«

»Sag uns, was du herausgefunden hast«, forderte Anna ihn ungeduldig auf.

»Mit Worten kann ich das nicht so gut. Einmal sehen ist besser als hundertmal hören. Wenn ihr Lust dazu habt, Kinder, dann kann ich euch morgen in aller Frühe etwas zeigen.«

»Früh, wenn der Hahn kräht?«, fragte Johannes.

»Noch viel früher müssen wir los. Wir brechen auf, wenn du einen grauen Wollfaden im ersten Lichtschimmer erkennen kannst.«

»Etwas von deinem Geheimnis kannst du uns doch heute schon verraten«, drängte Anna ungeduldig.

Sie stellte sich ganz dicht vor ihn hin und schaute ihm ins Gesicht.

»Also gut«, gab der Bauer nach, »ich will euch heute so viel sagen, dass ihr das Tier gut kennt, das ich euch zeigen werde. Man kann in diesem Tier, wenn ihr scharf zuschaut, auch ein Zeichen für die Auferstehung erkennen.«

»Es ist die Schnecke«, sagte Johannes. »Die kennen wir ja schon.«

Der Bauer schüttelte den Kopf.

»Das Ei ist es«, rätselte Anna.

Der Bauer lachte nur. »Zieht euch morgen warm an. Die Morgenkälte kriecht schnell in die Glieder.«

»Die Gummistiefel dürft ihr auf keinen Fall vergessen«, mahnte die Bäuerin. »Morgens sind die Wiesen nass vom Tau.«

»Gehst du auch mit, Großmutter?«, fragte Johannes.

Die Großmutter seufzte und antwortete: »In den Ferien möchte ich einmal ausschlafen. Aber bisher habt ihr mich jeden Morgen bereits mit den Hühnern aufgeweckt. Ich bin froh, wenn ihr allein geht. Dann kann ich mich noch in den Federn umdrehen.«

»Gut. Wir werden uns ganz leise anziehen. Du wirst nichts von uns hören«, versprach Johannes.

»Stellt den Wecker auf vier Uhr«, sagte der Bauer. »Es gibt zum ersten Frühstück heiße Milch und eine Scheibe Brot. Dann geht es los.«

Johannes wachte schon auf, bevor der Wecker klingelte. Er drückte auf den Abstellknopf. Vorsichtig standen die Kinder auf und schlüpften in die Kleider, die die Großmutter für sie bereitgelegt hatte. Auf leisen Sohlen schlichen sie aus dem Zimmer. Der Bauer erwartete sie bereits. Im Stehen tranken sie einen Becher Milch und aßen eine Scheibe Brot dazu.

»Ich bin noch ganz taumelig«, sagte Anna und rieb sich die Augen.

»Der Morgenwind wird dich gleich wachblasen«, lachte der Bauer. Sie gingen los. Herr Behrens schritt voran und die Kinder liefen hinter ihm her. Bald bog der Bauer vom Weg ab. Er zog den Stacheldraht am Weidezaun auseinander.

Die Kinder kletterten hindurch.

Das Gras stand hoch. Die Schritte zogen eine dunkle Spur durch die Wiese.

Auf einem flachen Hügel stand ein alter Baum. Seine Äste bildeten eine gewaltige, weit ausladende Krone. Rund um den glatten Stamm war aus Astholz eine Bank gebaut.

»Diese Buche ist schon 120 Jahre alt«, sagte Bauer Behrens leise. Als Anna ihn etwas fragen wollte, legte er einen Finger über die Lippen. Sie setzten sich dicht nebeneinander auf die Bank. »Ihr müsst jetzt dorthin schauen, wo die Wiese an das Buschwerk grenzt«, flüsterte der Bauer. »Vielleicht haben wir Glück und sehen etwas.«

Die Büsche hockten wie schwarze Tiere in der Wiese. Allmählich lösten sich im wachsenden Licht die Farben aus den Schatten. Schließlich waren verschiedene Grünfarben immer deutlicher zu unterscheiden.

Länger als eine halbe Stunde saßen sie und schauten. Plötzlich schoss etwas hinter dem Busch hervor, sprang in die Luft, rannte ein paar Meter, schlug einen Haken und verharrte dann regungslos. Die Kinder hatten auf den ersten Blick den Hasen erkannt. Ein zweiter hüpfte auf die Wiese und ein dritter, ein vierter folgten. Sie tollten umher, schienen sich fangen zu wollen, verschwanden hinter den Büschen, zeigten sich wieder, richteten sich dann und wann hoch auf und ließen die langen Löffel spielen, schlugen übermütig mit den Läufen nach hinten aus und zeigten ihren Hasenschwanz.

Das ging so an die zehn Minuten, ein wildes Spiel, auf und ab, ein Wegrennen und Verfolgen, ein Übereinander und Untereinander. Johannes wandte keinen Blick von den Tieren. Die Dämmerung hatte sich inzwischen in klares Morgenlicht verwandelt. Da hielt es Anna nicht länger auf der Bank. Sie sprang auf, klatschte in die Hände und rief: »Ich will auch mitspielen!«

Einen Augenblick war es, als ob der Lärm jede Bewegung erstarren ließ. Drei Sekunden lang herrschte völlige Stille. Aber dann huschten die Hasen mit weiten Sprüngen davon und waren ganz schnell hinter dem nahen Buschwerk verschwunden.

»Das war schön«, sagte Johannes.

»In jedem Frühjahr kannst du das sehen, Junge«, erklärte der Bauer. »Den ganzen Winter über bekommst du fast keinen

Hasen zu Gesicht. Aber kaum sprießt das Grün, kaum wird die Sonne wärmer, sind sie wieder da und toben und tollen über Wiesen und Äcker.«

»Und wo steckt das Zeichen?«, fragte Johannes.

»Osterhasen«, sagte Anna.

»Ja, Kind, Osterhasen. Weil doch am Ostertag Christus von den Toten auferstanden ist. Die Leute dachten: Nichts Lebendiges ist mehr da von Jesus. Tot ist tot! So ähnlich werden sie zueinander gesprochen haben. Aber dann zeigte sich Jesus den Frauen, den Aposteln und vielen Jüngern. Da wussten sie: Er lebt. Wahr und wahrhaftig, er lebt!«

»Wie die Osterhasen im Frühling«, sagte Anna. Johannes rief: »Jetzt weiß ich endlich, woher der Osterhase seinen Namen hat.«

»Ob Großmutter das auch weiß?«, fragte er nach einer Weile.

»Die geheimen Zeichen muss man weitererzählen«, sagte der Bauer. »Ihr müsst es ihr sagen, dass der Hase nicht nur ein Hase ist.«

»Ja, das tun wir«, riefen die Kinder und liefen in ihren großen Gummistiefeln eilig den Weg zum Bauernhof zurück.

Gift im See

Hurra, wir machen alle einen Ausflug«, jubelte Johannes.

»Richtig mit Flügeln?«, fragte Anna.

»Unsinn! Wir fahren mit Großmutters Auto zu einem großen See.«

»Ist in einem See viel Wasser, Großmutter?«, wollte Anna
wissen.

»Ja, Anna. Wir können uns ein Boot mieten und über den
See rudern oder wir können auch am Ufer spielen und im
Wasser plantschen.«

»Fein«, sagte Anna. »Ich fahre mit. Rudern ist gut. Onkel
Bruno hat mich mal mitgenommen. Wir sind mit dem Boot
über den Stadtweiher gefahren. Das war schön.«

Die Bäuerin packte gekochte Eier ein und Kartoffelsalat und
ein riesiges Schinkenbrot für jeden und eine Tüte voll Äpfel
und Kekse.

Schließlich holte sie noch eine Flasche Himbeersaft aus dem
Keller.

Großmutter lachte und wehrte sich, das alles mitzunehmen.

»Sie versorgen uns ja, als ob wir vierzehn Tage wegbleiben«, sagte sie. »Wir können doch im ›Gasthaus zum fröhlichen Fischer‹ einkehren.«

»Das kommt gar nicht in Frage«, bestimmte Frau Behrens. »Zu einem Ausflug gehört ein Picknick im Freien.«

»Außerdem wird der Fischerwirt zur Zeit gar nicht fröhlich sein«, fügte der Bauer hinzu. »Ich habe heute Morgen in der Zeitung gelesen, dass ein großer Öltank ausgelaufen ist. Die ganze Nacht über ist Öl und Schmutz gar nicht weit vom Badestrand in den See geflossen.«

»Dann wird aus dem Plantschen wohl nichts werden«, sagte Großmutter nachdenklich. »Wir könnten ja unseren Ausflug verschieben.«

Damit aber waren die Kinder gar nicht einverstanden. Sie fuhren also los. Langsam rollte Großmutters Auto über schmale Landstraßen. Ab und zu wurde ein Traktor überholt. Den Kindern ging es trotzdem nicht schnell genug. Als schließlich ein Mopedfahrer mit aufjaulendem Motor an ihnen vorbeischoss, murrte Johannes: »Geht es denn gar nicht schneller, Großmutter?«

»Niemand treibt uns, Johannes. Wenn ich es langsam angehen lasse, dann kann ich ab und zu auch einen Blick in die schöne Landschaft wagen«, gab Großmutter zur Antwort.

Nach einer knappen Fahrstunde sahen sie die Fläche des Sees vor sich aufblinken. Je näher sie an den See herankamen, umso stärker wurde der Verkehr. Lastwagen parkten an der

Uferstraße, eine Sirene heulte auf, Schiffe tuckerten und pflügten Wellen auf, Schaulustige hatten sich eingefunden. Großmutter fand nur mit Mühe einen Parkplatz. Sie drängten sich nahe an das Ufer heran. Da sahen sie die Bescherung. Ein schillernder Ölteppich bedeckte die Wasseroberfläche in einer ziemlich großen Bucht. Ein Boot wurde von einem laut hämmernden Motor vorwärts getrieben. Hinter sich zog es einen langen aufgeblasenen Plastikschlauch quer über die Bucht.

Großmutter fragte: »Was mag das zu bedeuten haben?«

»Wie mit einem Lasso wird der Ölteppich eingefangen«, wusste Johannes. »Das Öl kann dann nicht weiter in den See hineintreiben.«

»In solchen Sachen wissen die Kinder oft mehr als die älteren Menschen«, gab Großmutter zu.

Anna wollte wissen: »Was machen die Cowboys, wenn sie das Öl haben?«

»Die Cowboys? Welche Cowboys?«, fragte Johannes sie.

»Na, die mit dem Lasso.«

»Das sind keine Cowboys und das ist kein richtiges Lasso«, lachte Johannes.

»Hast du aber gesagt.«

Johannes hörte darüber hinweg. »Die Feuerwehr saugt das Öl ab«, sagte er.

»Brennt es denn?« Anna schien sich gar nicht mehr auszukennen.

»Hör auf mit dem Quatsch«, fuhr Johannes sie unsanft an.

»Komisch«, murmelte Anna. »Es brennt nicht und die Feuerwehr ist hier. Mit dem Lasso wird gefangen und es sind keine Cowboys da.«

Sie schauten zu, wie die Menschen arbeiteten, herumrannten, sich etwas zuschrien. Dann gingen sie aber doch weiter den Uferweg entlang. Als sie die Bucht hinter sich hatten, blieb der Lärm zurück. Weit konnten sie über den See schauen.

Gleich an der angrenzenden Uferstrecke gab es wieder etwas zu sehen. Nicht weit vom Ufer entfernt saßen vier Männer in einem Kahn. Zwei ruderten und die anderen beiden ließen Meter um Meter eines langen Netzes in das Wasser gleiten. Am Ufer standen sechs Personen und hielten das andere Ende des Netzes fest in den Händen. Die eine Netzkante wurde von dicken Korken an der Wasseroberfläche gehalten, die andere Kante sank hinab in die Tiefe. In weitem Bogen spannte sich das Netz.

Das Boot wendete allmählich und hielt wieder auf das Ufer zu. Die Männer sprangen schließlich ins seichte Wasser. Sie trugen hüfthohe Stiefel. Nun begannen sie das Netz an beiden Enden Zug um Zug dem Ufer entgegenzuziehen. Der Netzbogen wurde immer enger. Die Männer riefen bei jedem Zug: »Holt ein! Holt ein!« Es war eine schwere Arbeit. Aber sie gönnten sich keine Verschnaufpause und zogen und zogen. Endlich hatten sie das Netz zu einem engen Halbkreis zusammengebracht.

»Fische!«, schrie Anna. »Tausend Fische sind in dem Netz.«
So war es. Ein paar Fische sprangen wie silbrige Pfeile hoch
aus dem Wasser. Einigen gelang es sogar, über die Netzkante
zu schnellen und in den See zurückzuschwimmen. Die anderen aber wurden mit grünen Plastikwannen aus dem Wasser
geschöpft. Auf einem Lastwagen nahe beim Ufer standen
drei große Tanks. Dorthinein schütteten die Männer die Fische. Viele, viele kleine Fische hatten sie gefangen und auch
ein paar große.
»Rotaugen, Barsche, einige Hechte und sogar einen Karpfen
habe ich gesehen«, sagte die Großmutter.
Johannes wunderte sich und fragte: »Woher kennst du die
verschiedenen Fische?«
»Als Kind habe ich oft bei den Fischern am Rhein gestanden
und ihnen beim Fischen zugeschaut. Aber heute gibt es dort
keine Fischer mehr.«
»Warum nicht?«, fragte Anna.
»Das Wasser im Rhein ist stinkig und verschmutzt«, antwortete ein Mann an Stelle der Großmutter. »Die Rheinfi-
sche kann kein Mensch mehr essen.« Der Mann setzte sich
auf einen großen Stein und zog seine hohen Gummistiefel
aus.
»Und die Fische, die ihr gefangen habt? Was macht ihr damit?«, fragte Johannes.
Die Männer hatten das Netz jetzt ganz ans Ufer gezogen. Sie
ließen eine Flasche kreisen. Der Fischer, der Anna geant-

73

wortet hatte, nahm einen kräftigen Schluck und antwortete: »Wir fangen die Fische in der Nähe der ölverseuchten Bucht, damit sie nicht eingehen. Ein paar Kilometer weiter liegt ein klarer Baggersee. Dort setzen wir die Fische aus, damit sie weiterleben können.«

»Macht das Öl die Fische tot?«, fragte Anna.

»Das Öl und andere Gifte töten die Fische«, antwortete der Fischer.

»Das ist ja wie bei Jesus und den Aposteln«, stellte Johannes fest.

Der Mann lachte. »Weißt du, Junge«, sagte er, »Jesus hat sicher viel Ärger mit den Menschen gehabt. Aber mit Öl im Wasser und mit Gift, da hatte er damals wohl noch nichts zu tun gehabt. Deshalb brauchte er auch keine Fische zu retten.«

»Aber Menschen musste er retten.« Johannes wurde ganz eifrig. »›Menschenfischer sollt ihr sein‹, hat er gesagt. ›Von nun ab sollt ihr Menschen fischen‹, hat er zu Petrus gesagt. Und die Apostel haben gemacht, was er gesagt hat«, ergänzte der Junge.

»Ist verdammt was dran«, brummelte der Mann.

»Du hast geflucht«, mahnte ihn Anna. »Das darfst du nicht tun!«

»Na ja«, gab der Mann zu, »ich wollte nur sagen, dass dein Bruder ganz Recht hat.«

»Das Netz ist ein Zeichen«, sagte Johannes.

»Ein Zeichen?« Der Fischer sah Johannes verwundert an.

Anna mischte sich ein. »Wie im Zirkus. Unter dem Seiltänzer wird ein Netz gespannt. Damit er sich nicht weh tut, wenn er mal runterfällt«, sagte sie.

»Du wirfst aber auch alles durcheinander«, maulte Johannes.

»Ich finde das gar nicht«, sagte die Großmutter. »Das Netz ist die Gemeinde. Es ist vielleicht Jesus selber, der uns auffängt, wenn wir fallen.«

»Oder wenn wir ersticken wie die Fische im giftigen Wasser«, sagte Johannes.

Der Fischer kratzte sich hinter dem Ohr und sagte: »Ihr seid mir vielleicht eine komische Familie. Aber man kann, verdammt noch mal, wirklich darüber nachdenken.«

»Du hast schon wieder geflucht«, sagte Anna und schaute den Fischer strafend an.

Der Mann blickte überrascht zu Anna herüber. »Du passt aber verd. . .« Er stockte und fuhr dann fort: »Ich wollte sagen, du passt aber wirklich gut auf.«

»Du brauchst ein Netz«, sagte Anna. »Damit du nicht fällst.«

Der Lastwagen hupte. Der Mann zog seine Stiefel wieder über die Beine und schüttelte den Kopf. Dann stand er auf, ging zu dem Lastwagen hinüber und kletterte auf die Ladefläche. Er winkte und schrie: »Ich werde es mir hinter die Ohren schreiben, das mit dem Netz.«

»Jetzt hat er nicht mehr geflucht«, sagte Anna zufrieden.

Die Geheimschrift

Großmutter wanderte mit Johannes und Anna die Straße am See entlang. Immer wieder fuhren Lastwagen und Personenautos an ihnen vorbei und wirbelten Staub in die Luft. Endlich bog die Autostraße landeinwärts ab. Ein Fußweg führte unweit des Ufers weiter. Es wurde ruhiger.

Die Sonne stand schon hoch am Himmel. Es wurde warm, aber ein frischer Wind vom See her ließ die Hitze nicht zu groß werden. Im Schatten einer hohen Hecke fanden sie auf einer Bank einen Rastplatz. Der Weg und die Seeluft hatten sie hungrig gemacht. Sie aßen in aller Ruhe, was sie mitgebracht hatten.

»Es war doch gut, dass Frau Behrens uns viele leckere Sachen zum Essen eingepackt hat«, sagte die Großmutter. Johannes legte sich satt und zufrieden ins Gras. Großmutter schloss die Augen für eine Weile. Aus der Ferne drang das Tuckern der unermüdlich laufenden Schiffsmotoren zu ihnen herüber.

»Wie steht es mit dem Rudern?«, fragte Anna. Als keiner ihr antwortete, sagte sie: »Versprochen ist versprochen.«

»Später mieten wir ein Boot«, sagte Großmutter. Anna ging dicht ans Ufer und warf kleine Steine in das Wasser. Schließlich aber lief sie zur Bank zurück und wollte wissen: »Wann ist das denn endlich, das Später?«

»Jetzt«, lachte Großmutter und stand auf. Sie folgten den Schrifttafeln, auf denen stand »Rundweg um den See«, und sie fanden einen Steg, an dem bunte Ruderboote angekettet lagen. In einem kleinen Kassenhäuschen hockte ein junger Mann. Bei ihm mietete die Großmutter ein Boot für eine halbe Stunde.

»Es ist heute aber auch gar nichts los«, murrte der junge Mann und gähnte. »Alle sind bei der Unglücksstelle. Da ist viel Öl in den See geflossen.«

»Wir haben es gesehen«, sagte die Großmutter. »Eine Schande ist das.«

Der Mann warnte: »Fahren Sie nicht zu weit hinaus. Eine halbe Stunde ist schneller herum, als man denkt.«

Großmutter zeigte Johannes, wie die Ruder gehandhabt werden mussten. Er lernte es schnell und ruderte, als ob er den See überqueren wollte. Gelegentlich spritzte das Wasser bis ins Boot und Anna kreischte vor Vergnügen.

Johannes' Ruderschläge wurden allmählich matter. Schließlich ließ er das Boot treiben.

»Müde?«, fragte die Großmutter.

»Nein, ich habe eine Blase an der Handfläche«, antwortete Johannes.

»Das dachte ich mir«, sagte Großmutter. »Wer eine Sache zu stürmisch beginnt, dem geht bald die Puste aus.«

Sie wechselten die Plätze. Großmutter ruderte ruhig und gleichmäßig. Der Wind hatte sich gelegt. Das Boot schnitt eine breite Wellenfurche in den glatten Wasserspiegel. Vor einem Schilfgürtel beobachteten sie eine Ente, die mit ihren fünf Jungen umherschwamm und aufgeregt zu schnattern begann, als das Boot sich näherte.

Auf die Minute genau war die halbe Stunde herum, als das Boot wieder am Steg anlegte. Der junge Mann erwartete sie bereits. Er befestigte das Boot mit einer Eisenkette und half Großmutter beim Aussteigen.

»Für heute mache ich den Laden zu«, sagte er missmutig. »Heute ist kein Geschäft mehr zu machen.«

»Aber es ist doch erst kurz nach Mittag«, wunderte sich die Großmutter.

Der junge Mann aber zuckte mit den Schultern und verschloss das Kassiererhäuschen.

»Rasten wir wieder an der Hecke?«, fragte Johannes.

Großmutter und Anna waren einverstanden. Diesmal legte sich Anna ins Gras. Es dauerte nicht lange, da war sie eingeschlafen.

Johannes baggerte am Ufersand einen kleinen Hafen aus. Plötzlich schaute er aufmerksam in die Wellen. Sie spülten

einen handlangen Fisch heran. Er lebte nicht mehr. Johannes schob ihn mit einem kleinen Stock ans Ufer und winkte der Großmutter.

»Das Gift«, sagte sie, als sie herangekommen war, »das Gift im Wasser hat den Fisch getötet.« Johannes ritzte mit dem Stock die Umrisse des Fisches in den feuchten Sand.

»Weißt du eigentlich, dass du eine Geheimschrift der Christen schreibst?«, fragte die Großmutter.

»Ich schreibe ja gar nicht, ich male«, antwortete Johannes.

»Und doch ist es so, Junge«, sagte die Großmutter. »Zur Zeit der Römer, da mussten die Christen verheimlichen, dass sie sich zu Jesus bekannten. Die römischen Kaiser sahen es nicht gerne, dass sich das Christentum in ihrem Reich ausbreitete. Einige Herrscher ließen die Christen sogar verfolgen und töten. Damals ist das geheime Zeichen des Fisches von den Christen als ein Erkennungsmerkmal benützt worden.«

»Aber warum gerade ein Fisch?«, wollte Johannes wissen.

»Das hängt mit dem griechischen Namen für Fisch zusammen«, erklärte die Großmutter. »Im Griechischen sind die Buchstaben des Wortes Fisch auch die Anfänge der Worte Jesus Christus, Gottes Sohn, Erlöser.«

»Das ist gut«, sagte Johannes. »Das konnte keiner herausbekommen.«

»So ist es, Johannes. Wenn aber ein Christ vor vielen hundert Jahren dich hier beobachtet hätte, wie du einen Fisch in den Sand malst, dann hätte er dich freudig begrüßt. Er hätte

gleich gewusst, das ist einer von uns. ›Sei gegrüßt Bruder‹,
hätte er gesagt und dich umarmt.«

»Ich werde auch ein solches Geheimzeichen erfinden«, sagte
Johannes.

Er schrieb die Buchstaben FISCH untereinander in den
Sand.

Für das C fand er schnell CHRISTUS. Mit dem S schrieb er
SOHN GOTTES. Dann wurde es schwerer. Großmutter
schlug vor: »Für das I kannst du ruhig IESUS schreiben. Das
hat man früher oft so gemacht.«

»Und für das H schreibe ich HEILAND«, wusste Johannes.
Für das F fanden aber weder Großmutter noch Johannes einen passenden Namen.

»Was sind das für Fische?«, fragte Anna, die verschlafen herangekommen war.

»Der Fisch ist ein Geheimzeichen für Jesus«, erklärte ihr der
Bruder. Laut las er vor: »IESUS, SOHN GOTTES,
CHRISTUS, HEILAND.«

Großmutter sagte: »Ich glaube, die Anna hat mit ihrer Frage
eine Lösung gefunden. Wir schreiben einfach:

F – isch =
I – esus
S – ohn Gottes
C – hristus
H – eiland.«

Anna malte mit ihrem Finger einen Fisch in den Sand. Da stürzte Johannes auf sie zu, umarmte sie und schrie: »Sei gegrüßt Schwester, du bist auch eine von uns.«

»Bin ich schon immer, du Doofmann«, sagte Anna.

Sehen mit neuen Augen

Die Ferienwochen auf dem Bauernhof neigten sich dem Ende zu. Der letzte Tag war sonnig und beinahe windstill. Die Familie Behrens hatte die Gäste auf den Abend in die Gartenlaube eingeladen. Für eine Abschiedsstunde wollten sie sich dort zusammensetzen, miteinander reden, etwas trinken und frische Waffeln dazu essen.

Die Laube lag am Ende des Gartenweges. Sie bestand aus einem kunstvoll über ein Eisengestänge gezogenen Weinstock. Der war in diesem Jahr kräftig ausgeschlagen und sein frisches Grün wölbte sich wie eine Glocke über dem runden Tisch und der weiß gestrichenen Bank. Die Gläser waren mit Fruchtsaft oder Wein gefüllt, die Waffeln dufteten, aber das Gespräch wollte nicht so recht in Gang kommen. Abschiedsstimmung lag über der Runde und auch ein wenig Reisefieber.

Bauer Behrens fragte: »Kinder, erzählt uns doch mal, was euch hier auf dem Hof besonders gut gefallen hat, und auch, was euch weniger behagte.«

Anna war schnell mit der Antwort fertig: »Gut war, dass ich gesehen habe, wie das Küken aus dem Ei kroch. Gut war auch der alte Schuppen. Das war ein schöner Spielplatz. Schlecht war«, sie überlegte einen Augenblick und fuhr dann fort: »Schlecht war, dass ich nicht mitgegangen bin, als Großmutter und Johannes in der Nacht durch den Wald gegangen sind.«

Johannes wusste nicht so recht, was er sagen sollte. »Ich fand nicht gut«, sagte er schließlich, »dass da drüben im Stall 400 Schweine eingesperrt sind und niemals herausdürfen.« Dann aber kam er gleich zu dem, was ihm gefallen hatte. »Dass wir am Freitagabend nicht ins Bett mussten, das war sehr gut. Und auch das mit den geheimen Zeichen, das hat mir gut gefallen«, meinte er.

»Tja«, sagte der Bauer Behrens, »das mit der Schweinemast, das ist wirklich nicht besonders schön. Aber was soll ein Bauer machen? Er muss mit der Zeit gehen. Wenn Schweine verkauft werden können, dann muss er sie wohl aufziehen. Davon lebt der Hof.«

»Und von uns«, sagte Anna.

»Wieso?«, fragte die Bäuerin.

»Großmutter hat dir Geld gegeben. Ich hab es selbst gesehen. Geld für die Wohnung und für das Essen.«

»Richtig gesehen, meine Dame«, gab Bauer Behrens zu. »Auch davon lebt der Hof ein wenig.«

»Mir gefällt es«, sagte Großmutter, »dass wir hier an diesem friedlichen Abend in der Weinlaube sitzen können und wissen, das war eine schöne Ferienzeit.«

»Muss man denn in der Laube weinen?«, fragte Anna.

»Weinen, weil es morgen nach Hause geht?«, lachte Großmutter.

»Nein, aber du hast gesagt, das ist eine Weinlaube.«

»Aber Kind, schau dir an, wie diese Laube aussieht. Ein mächtiger Weinstock ist unser Dach und unsere Wand. Der Weinstock treibt Rebzweige und Blätter, schließlich blüht er und die Weintrauben wachsen heran«, erklärte die Großmutter.

»Manchmal, wenn es einen heißen Sommer gibt, dann werden die Trauben sogar in dieser Gegend rund und reif«, sagte Frau Behrens und der Bauer fügte stolz hinzu: »Viermal haben wir von diesem Stock schon eigenen Wein gekeltert.«

»Hat er geschmeckt?«, fragte Großmutter.

»Probieren Sie ihn. Er steht im Glas vor Ihnen.« Großmutter nahm ein Schlückchen von dem Wein und die Kinder tranken ihren Saft.

»Süß ist er nicht«, sagte Großmutter.

»Das stimmt«, gab Bauer Behrens zu. »Aber der Wein ist ein sauberer Tropfen. Wir haben ihn nicht mit Zucker gesüßt. Er macht niemals einen schweren Kopf.«

»Ich finde«, sagte die Großmutter nachdenklich, »nach all den vielen geheimen Zeichen, die wir herausgefunden haben, ist diese Weinlaube der beste Platz, den wir uns überhaupt wünschen konnten.«

»Ja«, erwiderte die Bäuerin, »wir sind den Zeichen in diesen drei Wochen richtig auf die Spur gekommen.«

Anna wollte wissen: »Was ist das, eine Spur?«

Der Bauer nannte ihr ein Beispiel: »Da läuft ein Reh über einen Waldweg. Kurz zuvor hat es geregnet. Der Erdboden ist noch feucht und weich. Die kleinen Hufe drücken sich in den Boden ein. Du kommst wenig später dorthin. Das Reh siehst du nicht mehr. Es ist längst im Dickicht verschwunden. Aber du weißt ganz genau, dass es vorbeigelaufen ist.«

»Ich kann die Fußstapfen sehen«, sagte Anna.

»Du sagst es«, nickte der Bauer. »Die Spuren der Tiere kann man lesen. Nur, man muss die Augen aufmachen.«

»Genauso ist es mit Gott.« Johannes hatte alles verstanden. »Ihn selbst können wir nicht sehen. Aber seine Spuren, die können wir doch erkennen.«

»Überall?«, fragte Anna.

»Wenn du deine Augen aufmachst, dann kannst du Gott oft und oft entdecken«, bestätigte Großmutter.

»Auch hier in der Weinlaube?« Anna wollte es genau wissen.

»Hier ist es ganz leicht«, sagte die Bäuerin. »Hier sehe ich sogar die Spuren. › Ich bin der Weinstock, ihr seid die Rebzweige.‹ Wisst ihr, wer das gesagt hat?«

Johannes fiel es sofort wieder ein. »Hat Jesus selbst gesagt.«

»Siehst du«, sagte die Großmutter. »So ist das. Die Rebzweige hier sind ganz eng mit dem Weinstock verwachsen. Brichst du einen Zweig heraus, dann muss er verdorren. So ist es mit den

Christen und mit Christus. Wenn die Christen ganz eng mit Jesus verbunden sind, dann grünt und blüht die Gemeinde.«

»Und was ist mit den Trauben?«, wollte Anna wissen.

»So, wie die Reben gute Früchte tragen, so bringt auch eine lebendige Gemeinde gute Früchte hervor«, sagte die Großmutter. »Ratet mal, was das für Früchte sind.«

»Das Sommerfest, das wir jedes Jahr feiern«, schrie Johannes.

»Der Kindergarten für Anna und all die anderen Kinder«, sagte die Großmutter.

»Reihum muss das gehen«, schlug Johannes vor. »Jeder muss eine Gemeindefrucht nennen. Und wer nicht weiterweiß, der scheidet aus.«

Es wurde ein langes Spiel. Das Altenheim wurde genannt und das Ferienlager für Kinder, der Weihnachtsbazar und die Krankenbesuche, das offene Singen im Mai mit dem Kirchenchor, das Osterfeuer, die Bücherei, das Essen auf Rädern, der Martinsumzug und die Kleidersammlung und und und . . .

Als niemand mehr etwas einfiel, da zeigte Anna auf sich und Johannes und sagte: »Wir gehören auch zu den Trauben.«

»Woher weißt du das so genau?«, fragte Bauer Behrens.

»Mein Papa sagt immer, unsere Kinder, das sind mir vielleicht ein paar Früchtchen.«

In aller Frühe fuhr Großmutters Auto am nächsten Morgen durch die Toreinfahrt auf die Landstraße. Der Bauer und die Bäuerin winkten noch lange mit Taschentüchern hinter den Gästen her.

Herr Behrens sagte zu seiner Frau: »Das ist doch eigenartig. Da läufst du ein halbes Leben lang durch Wiese, Wald und Feld und tappst herum wie ein Blinder. Ab und zu denkst du: Wie schön blüht der Roggen, oder du freust dich über die Tauben und fütterst den Igel, gelegentlich hörst du den Specht hämmern. Und dann kommt diese Frau aus der Stadt mit ihren Enkeln und öffnet dir die Augen für die tiefere Bedeutung hinter all den Dingen.«

Frau Behrens nickte. »Und nun siehst du alles neu, Mann, wie mit Kinderaugen. Ja, du machst selbst überraschende Entdeckungen, Entdeckungen, die ein wenig zuversichtlicher und fröhlicher machen.«

Wie aus dem Ei das Osterei wurde

In Ägypten lebte einst eine Königstocher. Sie hieß Katharina. Die Königstochter wohnte aber nicht in einem Palast. Die Römer hatten das Ägypterland erobert und wollten selbst den Palast besitzen. Katharinas Haus stand am Rande der Stadt Alexandria. Die gepflasterte Straße war dort zu Ende. Bauernwege führten durch Wiesen und Felder bis hin zu dem breiten Nilstrom.

In Katharinas Haus trafen sich abends oft viele Menschen. Es waren sehr verschiedene Leute. Frauen und Männer, Fischer und Bauern, Handwerker und Sklaven kamen bei ihr zusammen. Sie alle hatten von Jesus gehört. Sie hatten sich taufen lassen und waren Christen geworden. Oft erzählten sie von Jesus, sangen und beteten. Auch aßen und tranken sie miteinander. Sie brachten Speisen und Getränke mit und teilten alles. Wer reich war und viel besaß, der gab auch viel. Wer arm war, der brachte ein wenig von dem, was er hatte. Es ging zu wie in einer großen Familie.

Über die Stadt Alexandria herrschte zu jener Zeit Maxentius, der Kaiser von Rom. Er war der Herr über viele Länder und Meere. Maxentius wollte die großen Städte seines Reiches besuchen. Er gab den Befehl, viele Schiffe auszurüsten. Sie sollten ihn übers Meer nach Ägypten bringen.

Diese Nachricht sprach sich in der Stadt Alexandria schnell herum. Die meisten Menschen freuten sich. Sie dachten, der Kaiser wird Geschenke austeilen. Auch sollte ein großes Fest gefeiert werden, wenn der Herrscher kam. Deshalb besserten die Leute die Straßen aus, strichen die Häuser an und putzten und fegten und scheuerten, bis die Stadt blitzte und blinkte.

Die Christen aber, die sich in Katharinas Haus versammelten, freuten sich nicht auf den hohen Besuch. Sie wussten, dass Maxentius den Christen nicht freundlich gesonnen war. Der römische Kaiser wollte selber wie Gott sein. Auch die Christen sollten ihn als Gott verehren. Das wollten die Christen nicht. Deshalb hatte Maxentius viele von ihnen in Rom in die Gefängnisse geworfen, ja sogar Christen töten lassen.

Davon hatten auch die Leute in Katharinas Haus gehört. Deshalb fürchteten sie sich vor dem Kaiser. Sie hockten ängstlich beieinander. Katharina ging von einem zum andern und tröstete sie.

Auch Ruth, ein Mädchen von zwölf Jahren, war oft bei Katharina. Ihre Eltern waren Fischer. Die Fischerhütte stand nahe am Nil. Ein Schilfgürtel trennte das Haus vom offenen Wasser. Ruths Vater hatte einen Brettersteg durch das Schilf

gebaut. Am Ende des Steges war der Ankerplatz für das Fischerboot.

Eines Tages erschienen von ferne viele bunte Segel in der Biegung des Nilstroms. Die Schiffe aus Rom segelten mit dem Abendwind in den Hafen der Stadt Alexandria ein. Es war ein prächtiges Bild. Die Leute drängten sich am Ufer. Sie wollten das herrliche Schiff des Kaisers sehen. Das purpurrote Segel war an einem Mast befestigt, der mit goldenen Plättchen beschlagen war. Hundert Sklaven saßen im Bauch des Schiffes und ruderten.

In festlichem Zug wurde der Kaiser durch die Stadt geleitet. Er ritt auf einem Schimmel. Eine Menschenmenge stand am Straßenrand und winkte ihm mit Zweigen und bunten Tüchern zu. Maxentius hob seine Hand und grüßte die Leute. Der Zug endete am Königspalast. Dort wollte Maxentius wohnen.

Am Morgen des nächsten Tages kamen die vornehmen Männer und Frauen aus Alexandria in den Palast. Sie brachten dem Kaiser Geschenke und berichteten ihm von Stadt und Land.

Am Nachmittag fragte Maxentius: »Ich habe gehört, dass hier die Königstochter Katharina lebt. Warum kommt sie nicht in den Palast, um ihren Kaiser zu begrüßen?«

Da berichteten ihm seine Ratgeber von Katharina. »Sie ist Christin«, sagten sie. »Vielleicht fürchtet sie sich vor dem Kaiser.«

»Lasst sie holen«, befahl Maxentius. »Ich will sie sehen.«
Katharina wurde in den Palast gebracht. Ruth lief mit ihr.
Die Palastwachen dachten: Das Mädchen ist die Dienerin
der Königstochter. Deshalb durfte Ruth mit in den Kaiser-
saal.

Maxentius sagte: »Ich habe dich rufen lassen.«
Katharina antwortete: »Du bist der Kaiser. Hier bin ich.«
Da fragte Maxentius: »Ich habe gehört, dass du dich zu den
Christen zählst. Stimmt das?«
Katharina sagte: »Man hat dir die Wahrheit gesagt. Ich bin
eine Christin.«

Da forderte Maxentius sie auf: »Setz dich und erzähl mir von
deinem Gott.«

Zuerst wusste Katharina nicht, womit sie anfangen sollte.
Dann aber berichtete sie dem Kaiser von der Geburt Jesu
draußen vor den Toren der Stadt Bethlehem und von den
Königen aus dem Morgenland, die durch die Wüste gezogen
waren, um Jesus zu verehren; von den Kranken erzählte sie,
die Jesus gesund gemacht hatte, von den Hungrigen, denen
er Brot gegeben hatte, von den Menschen in Not, die bei ihm
Hilfe und Trost gefunden hatten, von den Armen und Ver-
zweifelten, die durch ihn neue Hoffnung schöpfen. Von all
dem erzählte Katharina dem Kaiser.

Maxentius wollte mehr und mehr über Jesus hören. Es war
längst tiefe Nacht geworden. Der Mond schien durch das
Fenster in den Saal. Die Diener hatten Kerzen angezündet.

Die Lichter waren schon fast niedergebrannt, als der Kaiser endlich sagte: »Dein Jesus war ein großer Mensch. Ich hätte ihn gern kennen gelernt. Aber alle Menschen müssen sterben. Jesus ist auch gestorben.«

»Das stimmt«, sagte Katharina. »Er ist ans Kreuz geschlagen und begraben worden. Aber am dritten Tag ist er von den Toten auferstanden.«

Maxentius lächelte und fragte: »Du meinst, er war tot und lebte dann wieder?«

»Ja. Er ist auferstanden und hat den Tod besiegt. Viele haben ihn gesehen, bevor er in den Himmel aufgefahren ist.«

Maxentius schaute Katharina verwundert an: »Du bist doch eine kluge Frau, Katharina. Hältst du das wirklich für wahr?«

»Ja, Maxentius, das glaube ich.«

Da lachte der Kaiser lauthals und rief: »Solch eine Geschichte will ich nur glauben, wenn du vor meinen Augen aus einem Stein Leben wecken kannst. Und nun weg mit dir, weg mit deinen unglaublichen Geschichten.«

Katharina kehrte in ihr Haus zurück. All ihre Freunde hatten lange auf sie gewartet. Sie waren froh, als sie endlich ins Haus zurückkam. Ruth schmiegte sich an Katharina und sagte: »Ich hatte große Angst im Königspalast. Gut, dass wir heil wieder nach Hause gekommen sind.«

Katharina erzählte, was sie im Palast erlebt hatte. »Stellt euch vor«, schloss Katharina, »nur wenn ich aus einem Stein Leben wecken kann, nur dann will Maxentius daran glauben, dass Jesus von den Toten auferstanden ist.«

Ruth war traurig und sagte: »Der Kaiser verlangt etwas Unmögliches. Leben aus einem Stein hervorbringen, das kann kein Mensch.«

Am Tag darauf kam das Mädchen zu Katharina gelaufen und rief: »Komm, Katharina, ich will dir etwas Schönes zeigen.«

Katharina ging mit ihr. Ruth führte die Königstochter an der Fischerhütte vorbei. Sie liefen über den Holzsteg ins Schilffeld. Ruth legte den Finger über die Lippen. Sie zeigte ins Schilf hinein. Da hatte eine Ente ihr Nest gebaut. Sieben braune Eier lagen in dem Nest. Eines war schon zerbrochen und ein kleines Entlein war ausgeschlüpft.

»Neues Leben«, sagte Ruth. Katharina wurde plötzlich ganz aufgeregt.

»Das ist es«, flüsterte sie. »Das ist das Zeichen.«

Ganz vorsichtig nahm sie eines der Eier in die Hand. Sie spürte, wie das Entenküken sich darin bewegte.

»Ich muss zum Palast«, sagte Katharina.

Sorgsam hüllte sie das Ei in ein Tuch, legte es an ihre Brust und eilte zu Maxentius.

Die Palastwachen wollten Katharina zuerst nicht einlassen. Sie aber sagte: »Vor den Augen des Kaisers soll sich das Wunder ereignen, das er von mir verlangt hat.«

Da führten die Wachen sie zu Maxentius. Sie nahm das Ei in die Hände und zeigte es dem Kaiser. Genau in diesem Au-

genblick brach das Entenküken mit seinem Schnabel ein kleines Loch in die Eierschale. Der Kaiser schaute aufmerksam zu, wie sich das kleine Tier mehr und mehr aus seiner Hülle befreite. Schließlich lag es in den Händen der Königstochter, ein winziges dottergelbes Entenküken.

»Neues Leben«, sagte Katharina. Maxentius schwieg lange und schaute. Sicher, er hatte es gleich gesehen: Das war zwar kein Stein, den Katharina da in ihrer Hand hielt. Aber der Kaiser hatte doch gut begriffen, was sich vor seinen Augen ereignete.

»Aus dem scheinbar toten Ei kam neues Leben«, sagte er ganz leise.

Es heißt, der Kaiser Maxentius sei sehr nachdenklich geworden. Katharina und Ruth aber trugen später das Küken zurück ins Schilffeld und setzten es vorsichtig wieder ins Nest.

Seit dieser Zeit ist das Ei zum Osterei geworden. Wenn die Menschen sich zu Ostern Eier schenken, dann werden sie durch dieses Zeichen daran erinnert: »Jesus lebt. Er ist wahrhaftig von den Toten auferstanden.«

Und darüber freuen sich die Christen am Osterfest bis auf den heutigen Tag.

Karl-Heinz vom Bilderstöckchen

Karl-Heinz ist ein Junge aus dem Bilderstöckchen. Das ist ein Stadtteil in der großen Stadt Köln. Manchmal sagen die Leute auch einfach »das Viertel«. Dann ist das Bilderstöckchen gemeint.

Die meisten Familien im Bilderstöckchen hatten viele Kinder. Karl-Heinz hatte fünf Brüder und zwei Schwestern. Die Schwestern waren viel älter als Karl-Heinz. Irmi hatte selbst schon ein Kind gehabt. Das war früh gestorben. Vielleicht hatte Irmi deshalb den Karl-Heinz besonders lieb.

Im Bilderstöckchen wohnten viele Leute. Die meisten waren arm. Oft gab es Streit und Geschrei. Aber wichtiger war etwas anderes. Die Leute im Bilderstöckchen hatten alle einmal Not und Elend durchgemacht. Dabei hatten sie etwas Besonderes gemerkt: Es tut gut, wenn einer dem anderen hilft. Ging einem das Geld aus, dann lieh ihm ein anderer etwas. Fehlte das Brot, die Butter, der Zucker, dann halfen die Nachbarn aus. Geizig waren die Leute im Viertel nicht. Wenn einer krank wurde, dann fragten die Kinder:

»Wir gehen einkaufen, sollen wir vielleicht etwas mitbringen?«

So ist das im Bilderstöckchen. Und genau dort wurde Karl-Heinz geboren.

Vielleicht hatte die Mutter es längst gesehen, aber nicht wahrhaben wollen. Aber dann sagten die Geschwister eines Tages: »Mutter, sieh doch einmal richtig hin. Karl-Heinz ist nicht wie andere Kinder. Er sieht anders aus. Er hat was.«

Die Eltern gingen mit Karl-Heinz zum Arzt. »Ihr kleiner Sohn ist mongoloid«, sagte er. Da erschraken die Eltern und wurden sehr traurig. Als Erste überwand die Mutter ihren Schrecken und ihre Angst. Sie nahm Karl-Heinz fest in den Arm und sagte: »Wir werden dich sehr, sehr lieb haben.« – »Ja«, sagten die Geschwister, »das werden wir.«

Nur der Vater drehte dem Kind den Rücken. Er zog sich zurück und sprach mit niemand über seinen Kummer.

Es dauerte lange Zeit. Doch dann bemerkte der Vater, dass Karl-Heinz ein frohes Kind war. Er nahm den Jungen auf den Arm und Karl-Heinz schmiegte sich an ihn. Er fühlt sich bei mir wohl, dachte der Vater. Er ließ es zu, dass Karl-Heinz abends in sein Bett kroch. Und weil er nicht wusste, was er mit dem Kind anfangen sollte, las er ihm Märchen vor. Das gefiel Karl-Heinz. Am liebsten hörte er »Rotkäppchen und der böse Wolf«. Das las der Vater ihm wohl hundertmal vor.

Karl-Heinz wohnte in einem großen Haus. Dort lebten viele

Familien. Die Hausflure führten außen an den Wohnungen entlang. Deshalb nennt man die Flure auch Laubengänge. In den Laubengängen war immer viel Leben. Die Leute unterhielten sich und die Kinder spielten dort. Oft lehnte der Vater im Fenster und schaute zu. Er rauchte seine Zigarre und blies schöne blaue Rauchringe in die Luft. Dann klatschte Karl-Heinz vor Freude in die Hände.

Es gab viele Kinder im Haus. Wo viele Kinder sind, da kennen sich die Leute gut. Dass Karl-Heinz ein mongoloides Kind war, das wussten alle im Bilderstöckchen. Sie nahmen es hin, als müsste es so sein. Die meisten Leute waren freundlich zu Karl-Heinz und die Kinder spielten mit ihm.

Lange Zeit wurde Karl-Heinz nicht sauber. Aber die Mutter hatte meistens eine große Geduld mit ihm. Sie nahm ihn morgens mit in die Küche. Sie musste jeden Tag einen ganzen Berg Kartoffeln schälen und eine Menge Gemüse putzen. Die Familie war ja sehr groß. Dann setzte sie Karl-Heinz auf den Topf. Hatte er etwas gemacht, dann lobte sie ihn. Endlich hatte Karl-Heinz es gelernt. Er meldete sich, wenn er zum Klo musste.

Eines Tages nahm die Mutter Karl-Heinz mit in die Mütterberatung zu Frau Bringmann. »Was soll ich mit Karl-Heinz machen?«, fragte die Mutter. »Er ist fast sechs Jahre alt. Die anderen Kinder gehen zur Schule. Karl-Heinz kann nicht einmal laufen und er kann auch nicht richtig sprechen. Was soll aus dem Jungen werden?«

Die Mutter weinte. Frau Bringmann tröstete sie. »Macht alles nichts«, sagte sie. »Karl-Heinz wird jetzt morgens mit dem Auto abgeholt. Er fährt dann in eine besondere Schule. Dort sind noch mehr Kinder wie Karl-Heinz. Die Lehrerinnen und Lehrer kennen sich gut mit behinderten Kindern aus. Sie werden sich noch wundern, was Karl-Heinz alles lernen kann!«

Was Frau Bringmann vorausgesagt hatte, das traf ein. Jeden Morgen wurde Karl-Heinz mit dem Schulbus zur Schule gebracht. Dort blieb er bis zum Nachmittag. Dann fuhr der Bus die Kinder wieder nach Hause. Karl-Heinz begann schließlich deutlicher zu sprechen. Mit acht Jahren konnte er laufen. Er lernte alles viel später als die anderen Kinder. Er lernte langsam. Aber er lernte.

Ganz plötzlich starb der Vater. Karl-Heinz war traurig. Nun konnte er nicht mehr zu ihm ins Bett kriechen. Niemand blies mehr für ihn die schönen blauen Rauchringe in die Luft. Karl-Heinz besuchte oft das Grab auf dem Friedhof. Er brachte ein paar Blumen mit und dachte an den Vater und an Rotkäppchen und den bösen Wolf.

Einmal läuteten an einem Werktag im Bilderstöckchen alle Glocken. Die Leute blieben erstaunt vor der Kirche stehen. Der Pfarrer kam herbeigelaufen. »Was ist los?«, rief er. »Warum läuten die Glocken? Warum brennen alle Lampen?«

»Die Leute haben vergessen die Blumen zu gießen«, sagte Karl-Heinz.

»Und warum hast du alle Glocken geläutet?« Da zitterten die Lippen von Karl-Heinz. So war das immer, wenn er nicht wusste, was er sagen sollte. Er schaute den Pfarrer unsicher an und schließlich sagte er: »Alle sollen kommen. Alle sollen für Papa beten.«

In seinem Zimmer hingen viele Bilder von den Leuten aus dem Viertel. Immer hatte er gesehen, wie sich alle halfen. Das fand er gut. Er wollte so sein wie sie. Jeden Tag wollte er sie besuchen und ihnen helfen. Auch die Mutter wollte das. Bald hatte er keine Zeit mehr, mit den Kindern zu spielen. Seine Freunde waren die Erwachsenen, bei denen er so vieles in seinem Herzen beobachtet hatte.

Im Viertel, zwischen den Häusern, gab es einen Eisenbahnwaggon. Der stand auf richtigen Schienen. Aber der Waggon fuhr nicht weg. Er war schön eingerichtet. Es gab eine Kaffeemaschine, einen Kuchenschrank, eine Theke, schmale Tische und viele Sitzplätze, genau wie in einem richtigen Speisewagen. Hier trafen sich auch die Leute, die Karl-Heinz kannte. Er ging oft in den Eisenbahnwaggon. Er setzte sich auf die Bank, wie man es im Zug tut, trank Kaffee und aß Kuchen. Im Eisenbahnwaggon war oft etwas los. Hier hörte Karl-Heinz, dass die Leute eine Bürgerinitiative gegründet hatten. Sie wollten für die vielen Kinder im Viertel einen Kinderspielplatz bauen. Dafür brauchten sie eine Genehmigung. Er sah, wie die Leute Unterschriften sammelten.

Eines Tages war der Spielplatz fertig. Eine Schaukel und eine

Rutsche standen da und auch ein Klettergerüst. Für die Kleinen gab es einen Sandkasten. Die Einweihung konnte stattfinden. Viele Leute und auch die Kinder standen um einen großen Stein herum. Der war mit einem Tuch verdeckt. Der Bürgermeister kam und auch der Mann von der Wohnungsgesellschaft. Der Bürgermeister hielt eine Rede. Da sagten die Leute: »Karl-Heinz und Melanie, ihr dürft das Tuch wegziehen.« Karl-Heinz rief: »Hau-ruck.« Auf dem Stein stand: »Kinderspielplatz«. Alle klatschten und Willi zapfte das Bierfass an. Die Kinder schaukelten und rutschten und kletterten. Die Leute tanzten und waren froh. Es war ein richtiges Fest.

Karl-Heinz hörte von Frau Tippler, dass da jemand krank geworden war. »Der hat einen Herzinfarkt bekommen. Genau vor dem Jugendheim ist er umgefallen.«

Karl-Heinz fragte: »Was ist das, ein Herzinfarkt?«

Frau Tippler erklärte es ihm: »Beim Herzinfarkt, da tut das Herz ganz weh. Ein Krankenwagen wird gerufen. Der Kranke wird auf eine Tragbahre gelegt und ab geht's mit Tatütata ins Krankenhaus. Die Ärzte untersuchen den Kranken. Dann kommt er ins Bett. Die Krankenschwestern pflegen ihn und setzen sich zu ihm.«

Das fand Karl-Heinz wunderbar. Nun kam es öfter vor, dass er sich auf der Straße oder vor dem Jugendheim hinfallen ließ und die Hände gegen die Brust drückte. Die Leute blieben stehen, riefen das Krankenauto und Karl-Heinz wurde ins

Krankenhaus gefahren. Die Ärzte und Schwestern untersuchten ihn. Der Arzt hörte sein Herz ab. Es schlug normal. Karl-Heinz war gesund. Der Arzt schimpfte mit ihm. Die Mutter konnte ihn abholen.

»Der Karl-Heinz, das ist vielleicht ein Schauspieler!«, sagte dann Frau Tippler.

Gern kritzelte Karl-Heinz auf Papier herum. Das waren dann seine Briefe. Die steckte er in einen Umschlag und lief damit zur Post. Karl-Heinz hatte gesehen, dass die Leute am Schalter Briefe abgaben. Die wurden dort gestempelt. Er ging auch an den Schalter, reichte seinen Brief hinein und sagte: »Stempel.« Meistens drückte der Mann von der Post einen dicken Stempel auf den Umschlag. Manchmal hatte er aber auch schlechte Laune. Dann sagte er barsch: »Hau ab! Halt mich nicht auf.« Dann ging Karl-Heinz traurig nach Hause.

Es gab immer ein paar Leute, die für irgendetwas Unterschriften sammelten wie damals für den Kinderspielplatz. Das hatte Karl-Heinz gefallen. »Das kann ich auch«, sagte er. Er nahm ein Blatt und ging von Haus zu Haus. »Unterschrift«, sagte er. »Für Kinder.« Zuerst ging er zu den Leuten, die er kannte. Die unterschrieben gern. Dann schellte er auch bei anderen Leuten. Keiner sagte: »Hau ab!« Keiner knallte ihm die Tür vor der Nase zu. Sie unterschrieben alle. Das war ein schöner Tag für Karl-Heinz.

Im Viertel gab es auch einen Supermarkt. Karl-Heinz arbeitete dort oft. Er faltete und presste die Kartons zusammen.

Wenn er damit fertig war, ging er an die Kasse. Er half den Leuten ihre Sachen in die Einkaufstaschen zu packen. An der Kasse musste alles sehr schnell gehen. Die meisten Leute waren froh, wenn Karl-Heinz ihnen half. Sie sagten dann: »Dankeschön, Karl-Heinz.«

»Bitte«, antwortete er.

Andere aber zogen ein ärgerliches Gesicht und sagten: »Mach, dass du wegkommst, aber schnell.« Dann wurde Karl-Heinz traurig. Er ging auf die Straße und weinte. Er verstand die Welt nicht mehr!

Manchmal nahm sich Karl-Heinz aus den Regalen auch Schokolade oder Obst weg. Dann schimpften die Verkäuferinnen. Das konnte Karl-Heinz auch nicht verstehen. Dabei wollte er doch nur seiner Mutter oder Frau Tippler ein Geschenk machen.

Karl-Heinz wuchs, aber so groß wie die anderen wurde er nicht. Nach der Schulzeit kam er in eine Werkstatt. Gerne ging er da nicht hin. Wenn er gar keine Lust hatte, riss er aus und lief einfach in der Stadt herum. Einmal hielt ein Polizeiauto an. Der Polizist fragte: »Wo willst du denn hin?« – »Ich bin arbeitslos«, sagte Karl-Heinz. Da lachten die Polizisten. »Wie heißt du? Wo wohnst du?«

Karl-Heinz gab ihnen die Tasche, die er immer bei sich hatte. Die Mutter hatte Namen und Adresse in die Tasche gelegt, damit er nicht verloren gehen konnte. »Aha, du wohnst im Bilderstöckchen. Steig ein, wir bringen dich nach Haus.«

Die Polizisten kannten bald den kleinen Mann, den sie öfter in der Stadt antrafen und immer wieder der Mutter zurückbrachten. Dann freute sich Karl-Heinz. Er war viel lieber im Bilderstöckchen als in der Werkstatt.

Die Müllers wohnten gegenüber vom Supermarkt. Karl-Heinz besuchte sie oft. Er durfte bei Müllers auf dem Sofa sitzen und bekam Kaffee und Kuchen. Manchmal gab Herr Müller ihm auch eine Zigarette. »Lass das, Mann«, schimpfte Frau Müller. »Rauchen ist ungesund.«

»Der Karl-Heinz ist alt genug«, sagte dann Herr Müller. »Er ist über 18 Jahre alt. Der arbeitet in der Werkstatt, der darf das.«

Bei Müllers konnte Karl-Heinz fernsehen, solange er wollte. Oft wurde er müde, dann schlief er auf dem Sofa ein. Das störte die Müllers nicht. Sie hatten Karl-Heinz gern.

Frau Tippler putzte jeden Tag das Jugendheim. Weil sie kleine Kinder hatte, war sie immer in Eile. Oft erlaubte Frau Tippler, dass Karl-Heinz ihr beim Putzen half. Aber dann und wann verbot sie es. »Heute muss alles hoppla, hopp gehen«, sagte sie. Karl-Heinz saß dann auf der Treppe und schaute zu. Manchmal verschloss Frau Tippler auch die Tür. Das gefiel Karl-Heinz gar nicht.

Karl-Heinz ist ja nicht dumm!, dachte er eines Tages und legte einen Finger ans Auge. Am nächsten Tag kroch er durch das Fenster ins Haus. Am Abend vorher hatte er das Fenster von innen geöffnet. Als Frau Tippler ins Zimmer kam, stand er schon da. »Wie hast du das fertig gekriegt?«, staunte sie. Karl-Heinz zeigte auf das Fenster. Frau Tippler lachte und sagte: »Du bist ein richtiger Schlingel!« Und gab Karl-Heinz den Besen.

Am schönsten war es sonntags, wenn seine Schwester Erika und ihr Freund Mac zu Hause waren. Er bekam zwei Eier zum Frühstück und er durfte dem Mac nach dem Baden die Haare föhnen. Mac saß dann im Sessel und las die Zeitung. Das konnte für Karl-Heinz gar nicht lange genug dauern. Einmal hatte er Mac dann auch die Haare geschnitten. Der hatte gar nichts gemerkt. Mac sah scheußlich aus, aber er schimpfte nicht. »Der Friseur wird es schon wieder in Ordnung bringen«, sagte er. »Ich wollte immer schon einen Bürstenschnitt haben.«

Am Sonntagnachmittag wollte Karl-Heinz Kaffee trinken. Er ging zu der Tochter von Frau Tippler. Aber die hatte keinen Kuchen. »Sonntag und kein Kuchen!«, brummte Frau Tippler.

Da verschwand Karl-Heinz. Er kam zurück mit einem Tablett Sahnetorte. »Auf Pump«, sagte er. »Musst du morgen alles bezahlen!«

»Na, hoffentlich haben wir noch so viel Geld«, sagte Frau Tippler. »Wäre auch kein richtiger Sonntag gewesen, so ganz ohne Kuchen.«

Im Bilderstöckchen gab es eine Schusterwerkstatt, eine Näherei und eine Fahrradwerkstatt. Die Fahrradwerkstatt wurde von Aria geleitet. Aria hatte immer Zeit für Kinder, auch für Karl-Heinz. Die Kinder kamen zu ihr und wollten ihre Fahrräder reparieren. Aria half ihnen. Karl-Heinz ging jeden Tag zu Aria. Er durfte bei ihr auf der Bank sitzen oder den Dreck im Flur wegkehren.

Einmal besuchte Karl-Heinz Aria im Winter. In der Werkstatt war es kalt. Das Öl für den Ölofen war ausgegangen. Aria fror. Das tat Karl-Heinz Leid. Er nahm den Ölkanister und lief zur Tankstelle. An der Tankstelle ging er zu der Dieselsäule und zapfte Öl. Dann lief er weg und brachte das Öl zu Aria.

Am nächsten Tag wollte er es wieder so machen. Aber diesmal passte der Tankwart auf. Er stürzte hinaus und rief: »Da bist du ja wieder, du Schlingel. Du hast gestern Öl geklaut!« Er packte Karl-Heinz und schüttelte ihn. Karl-Heinz bekam einen großen Schrecken. Er fühlte sich bedroht. Er fing laut an zu schreien: »Polizei! Polizei! Hilfe!« Da musste der Tankwart lachen. Er sagte: »Mach, dass du wegkommst, Bürschchen. Ich will dich hier nicht mehr sehen. Sonst hole ich wirklich die Polizei.« Und er ließ Karl-Heinz laufen.

Die Mutter sagte zu Karl-Heinz: »Du musst dir die Haare schneiden lassen. Du kannst ja nichts mehr sehen!«

Der einzige Friseur im Viertel war Herr Schmitz. Er schnitt viel und sprach viel. Er kannte fast alle Leute im Bilderstöckchen. Er wusste von ihren Wehwehchen und ihren Krankheiten, wusste, wohin sie in Urlaub fuhren und was sie gerne

aßen. Herr Schmitz kannte auch Karl-Heinz. »Haare schneiden«, sagte Karl-Heinz. Herr Schmitz schnitt und Karl-Heinz schaute im Spiegel. zu. Als Herr Schmitz fertig war, stand Karl-Heinz auf, schaute Herrn Schmitz an und fragte: »Umsonst und tschüss?« Herr Schmitz sagte: »Für dich, Karl-Heinz – umsonst und tschüss!«

Die Mutter von Karl-Heinz musste viel arbeiten. Abends war sie müde und ging früh ins Bett. Manchmal überkam die Mutter eine große Traurigkeit. Sie dachte: »Was wird bloß aus Karl-Heinz, wenn ich nicht mehr für ihn sorgen kann?«

Karl-Heinz merkte sofort, wenn jemand Kummer hatte. Er merkte das schneller als alle anderen. Er setzte sich zur Mutter ans Bett und tröstete sie. Karl-Heinz war noch nicht müde. Er erzählte der Mutter alles, was er den Tag über erlebt hatte. Er erzählte von Aria und von Frau Tippler, er zeigte der Mutter, was er gemalt hatte. Dabei wurde er selbst ganz ruhig. Die Mutter schlief allmählich ein. Und Karl-Heinz machte das Licht aus.

Wir nannten ihn Pimann

Pimann lebte in Köln, der größten Stadt am Rhein. Eigentlich hieß er gar nicht Pimann. In seinem Ausweis stand Peter Rauch. Aber alle nannten ihn Pimann, auch seine besten Freunde. Seinen Eltern und seinem Bruder war das recht. Sie waren froh, dass er einen anderen Namen hatte. Denn sie wollten nichts, aber auch gar nichts mit ihm zu tun haben. Pimann streifte nämlich den ganzen lieben, langen Tag durch die Straßen von Köln. Er arbeitete nicht und wollte auch keine Arbeit haben. Er hatte nicht einmal eine Wohnung. Alles, was ihm gehörte, das trug er in einem Plastikbeutel mit sich.

Wenn es Abend wurde, dann suchte sich Pimann einen Platz zum Schlafen. Manchmal schlief er unter einer Brücke am Rhein, manchmal in einer Baustelle. Am allerliebsten aber streckte er sich auf einer Bank im Park aus.

Dann konnte er den Mond anschauen und die Sterne zählen, bis er einschlief. Am Morgen kamen oft Hunde und schnüffelten an Pimann herum. Das störte ihn nicht. Pimann hatte Hunde gern.

Dann stand Pimann auf, streckte sich und rieb sich mit den Händen durchs Gesicht. Das war seine Morgenwäsche.

Zuerst ging Pimann zu Sabina Pitterhoff. Sabina hatte eine Würstchenbude. Frühmorgens machte sie auf. Dann kamen Kinder, die zu Hause kein Frühstück bekommen hatten.

Sie sagten: »Für eine Mark Pommes mit Kätschap.«

Sabina schüttelte den Kopf. Ihr taten die Pommeskinder leid. Auch Männer kamen zu Sabina und kauften heiße Würstchen mit Brötchen.

Viele Menschen hatten in der Frühe Hunger – Pimann nicht. Wenn er morgens die Würstchen auch nur roch, spürte er ein komisches Grummeln im Bauch. Pimann trank einen Schnaps und ein Bier. Dann hörte das Grummeln auf und er war zufrieden. Sabina schenkte Pimann jeden Morgen eine kleine Tüte voll Bonbons. Sie sagte: »Er muss etwas anderes im Magen haben als nur Schnaps und Bier.« Aber Pimann mochte morgens auch keine Bonbons. Er lief durch die Stadt, sah zu den Domtürmen hinauf, schaute den weißen Wolken am Himmel nach und freute sich an den Spatzen und an den Tauben.

Er dachte: »Die Vögel sind genau wie ich. Sie haben kein Geld und kein Haus, keine teuren Möbel und keine weichen Teppiche. Sie arbeiten nicht und brauchen sich keine Sorgen zu machen. Ich mache mir auch keine Sorgen.«

Und er tippelte weiter durch die Straßen. Die meisten Menschen gingen ihm aus dem Weg.

120

Manche sagten: »Es ist eine Schande, wie der herumläuft.«
Und: »Man sollte dem Herumtreiber mal das Arbeiten beibringen.«

Aber Pimann kümmerte sich nicht darum.

Auf dem Spielplatz machte er jeden Mittag eine Rast. Die
Kinder kannten ihn. Er hatte die Kinder gern.

Sie liefen herbei und riefen: »Pimann, haste Bonbons für
uns?«

Er antwortete: »Pimann hat immer was Süßes für euch«, und
er teilte die Bonbons aus, die er von Sabina bekommen hatte.

An diesem Tag hatte er gerade seine Bonbons verteilt, da
rannte Pia herbei. »Schnell, komm schnell«, schrie sie, »mein
Bruder Albert fällt aus dem Fenster.«

Pimann erschrak. Die Kinder rannten los. Pimann rannte
hinterher. Die Pia kannte er gut. Als einziges Kind sagte sie
jedes Mal danke, wenn er seine Bonbons verteilte.

Er bog um die Häuserecke. Und da sah er es: Hoch oben im
3. Stock saß der kleine Albert auf der Fensterbank und ließ
seine Beine über der Straße baumeln.

Pia sagte: »Der Albert ist allein in der Wohnung. Mutter ist
einkaufen. Sie hat die Tür abgeschlossen.«

Pimann lief zur Haustür und hetzte die Treppen hoch. Er
zwängte sich durch die Dachluke aufs Dach. An der Feuer-
leiter kletterte er runter. Vorsichtig fasste er Albert unter die
Arme und stieg Sprosse um Sprosse mit dem Kind hinab.

Auf der Straße standen viele Menschen und schauten zu. Da

kam auch Pias Mutter. Sie war stumm vor Angst und Schreck. Sie schloss ihren kleinen Albert in die Arme. Sie weinte vor Freude. Um Pimann kümmerte sich niemand. Nur Pia flüsterte ihm zu: »Dankeschön, Pimann.«

In dieser Nacht hatte Pimann einen wunderschönen Traum: Er war in einer warmen Wohnung, schlief in einem breiten, weichen Bett, hatte einen Freund und spürte, wie schön es war, nicht immer so allein zu sein.

Aber als er wach wurde, da war's zu Ende mit dem wundervollen Glück. Pimann war bestohlen worden. Die Schuhe, die Plastiktüte, alles war weg, und, oh Schreck, der Personalausweis war auch weg. Die Diebe hatten den Ausweis aus Pimanns Tasche gezogen. Was mache ich bloß ohne Ausweis, dachte er.

Er wusste es ganz genau: Ohne seinen Ausweis ging es ihm schlecht. Kein Polizist würde ihm glauben, dass er der Pimann Peter Rauch war. Sie würden ihn mit auf die Wache nehmen. Ärger würde es geben, jede Menge Ärger.

Traurig lief er durch die Stadt.

Als er am Rande der großen Stadt angekommen war, stand er plötzlich vor einem großen Haus. Er sah Kinder und Jugendliche, sie lachten miteinander und balgten sich vor lauter Ausgelassenheit. Aus dem Haus heraus klang schöne Musik.

Draußen vor dem Eingang war ein Schild angebracht: »Nur für Kinder und Jugendliche. Erwachsene haben keinen Zutritt.« Aber das kümmerte Pimann nicht. Ihm taten die Füße vom langen Laufen weh und außerdem konnte er nicht lesen und nicht schreiben. Also ging er in das Haus.

Da geschah etwas Wunderbares: Viele Kinder umringten ihn und einige umarmten ihn, weil sie den Pimann wieder erkannten. Auch die kleine Pia nahm ihn an die Hand. Strümpfe und ein paar Schuhe wurden herbeigeholt, eine alte Jacke fand sich auch noch.

Von jetzt an hatte Pimann ein Haus, in das er gehen konnte, ein Zimmer, in dem er wohnen konnte, und er schlief in einem weiß bezogenen Bett. Jeden Morgen ging er um das Haus herum, sammelte die Papierreste auf und machte sich im ganzen Haus nützlich. Wenn er das Papier aufsammelte, hörte man ihn singen. Pia ging oft zu Pimann. Er konnte sehr schöne Geschichten erzählen. Er zeigte ihr die weißen Wolken.

Bald sah Pia genau wie Pimann die schönsten Wolkenbilder. Das Kind spürte: Pimann war glücklich. Und besaß doch kein Auto.

Und war glücklich. Und hatte keine teuren Möbel. Und war glücklich.

Eines Tages wurde am Jugendheim ein Gerüst aufgebaut. Das Haus sollte frisch gestrichen werden. Pimann lag auf der Lauer, damit kein Dieb an den Leitern hochkletterte. Sogar nachts ging er mehrmals vor dem Haus auf und ab.

Da hielt plötzlich ein Polizeiauto. »Was streichen Sie denn hier herum?«, fragte der erste Polizist.

»Ich streiche gar nicht«, sagte Pimann. »Ich passe auf. Ich bin doch der Pimann.«

»Ausweis vorzeigen«, rief der zweite Polizist.

Pimann hatte keinen Ausweis. Da nahmen ihn die Polizisten mit auf die Wache.

Am nächsten Morgen aber kam ein anderer Polizist zum Dienst.

Der sagte: »Das ist doch der Pimann. Der ist jetzt Hausmeister im Jugendheim!«

Da lachten die Polizisten und entschuldigten sich.

»Du musst dir einen neuen Ausweis besorgen«, sagte der eine. Pimann versprach es.

Am Tag darauf ließ Pimannn sich Passfotos machen und lief zum Einwohnermeldeamt. Dort wollte er einen neuen Ausweis bestellen. Aber er fand sich in den vielen Fluren mit den noch viel mehr Türen nicht zurecht. Das sah Felizitas Pergel. Felizitas kannte sich aus. Sie half dem Pimann.

Der fragte: »Wollen Sie auch einen Ausweis bestellen?«

Felizitas seufzte: »Ach, ich suche eine Wohnung, aber ich kann keine Miete bezahlen.»

Pimann merkte, dass Felizitas noch ärmer war als er. Alles, was sie besaß, das war ein blauer Plüschbär.

Er nahm sie in seine Wohnung im Jugendheim. Sie räumte ihm das Zimmer auf. Sie backte für Pimann eine leckere Pizza. Sie zeigte ihm, wie er das Loch in seinen Wollsocken stopfen konnte. Eines Tages sammelte sie alle leeren Bierflaschen ein und warf sie in den Mülleimer. Sie sagte: »Pimann, die Trinkerei muss ein Ende haben.«

Pimann spürte sofort das komische Grummeln im Bauch. Da klopfte es. Pia stand vor der Tür.

»Nichts da«, sagte Felizitas. »Ich habe gerade den Boden geputzt. Immer trampelst du in unserem Zimmer herum. Das muss ein Ende haben.«

Pia ging traurig davon. Da wurde Pimann wütend. Er schrie: »Mach, dass du wegkommst, Felizitas. Nimm deinen Bären und raus mit dir. Sonst mach ich dir Beine!«

Da nahm Felizitas ihren blauen Plüschbär und ging weg. Sie schimpfte: »Undank ist der Welt Lohn.«

Pimann kaufte sich viele Flaschen Bier. Er schloss sich in sein Zimmer ein. Aber das Bier machte ihn nur noch trauriger. Er öffnete das Fenster und schaute in die Dämmerung. Eine Amsel flötete ihr Abendlied. Pimann breitete die Arme aus. Es sah aus, als ob er den Frühling umarmen wollte. Pia stand vor dem Jugendheim. Aber sie traute sich nicht seinen Namen zu rufen. Ihr wurde kalt. Sie ging nach Hause.

Der nächste Tag war ein Sonntag. Pia klopfte an Pimanns Tür. Er öffnete. Überall standen leere Flaschen herum.

Pia fragte: »Bist du traurig, weil Felizitas weg ist?«

Pimann schüttelte den Kopf und schaute zum Fenster hin.

Pia griff nach seiner Hand.

Er sagte: »Die Wolken ziehen. Die Vögel fliegen. Keiner kann sie festhalten. Ich möchte mit.«

Pia fuhr fort: »Und nachts auf der Bank im Park schlafen.«
»Und den Mond sehen«, sagte er. »Und die Sterne zählen«,
sagte sie.
Er zog seine Jacke an und packte seinen Plastikbeutel.
Auf der Treppe drehte er sich noch einmal um und rief:
»Morgen bringe ich euch wieder Bonbons. Tschüss, Pia.«
»Tschüss, Pimann«, sagte Pia. »Bis morgen.«